全国普法学习读本

U0460922

乡村振兴法律法规学习读本

乡村振兴综合法律法规

李 勇 主编

加大全民普法力度，建设社会主义法治文化，树立宪法法律
至上、法律面前人人平等的法治理念。

—— 中国共产党第十九次全国代表大会《决胜全面建
成小康社会 夺取新时代中国特色社会主义伟大胜利》

汕头大学出版社

图书在版编目（CIP）数据

乡村振兴综合法律法规／李勇主编. -- 汕头：汕
头大学出版社（2021．7 重印）

（乡村振兴法律法规学习读本）

ISBN 978-7-5658-3676-3

Ⅰ．①乡… Ⅱ．①李… Ⅲ．①农村经济发展-农业法
-基本知识-中国 Ⅳ．①D922．44

中国版本图书馆 CIP 数据核字（2018）第 143372 号

乡村振兴综合法律法规　　XIANGCUN ZHENXING ZONGHE FALÜ FAGUI

主　　编：李　勇

责任编辑：邹　峰

责任技编：黄东生

封面设计：大华文苑

出版发行：汕头大学出版社

　　　　　广东省汕头市大学路 243 号汕头大学校园内　　邮政编码：515063

电　　话：0754-82904613

印　　刷：三河市南阳印刷有限公司

开　　本：690mm×960mm 1/16

印　　张：18

字　　数：226 千字

版　　次：2018 年 7 月第 1 版

印　　次：2021 年 7 月第 2 次印刷

定　　价：59.60 元（全 2 册）

ISBN 978-7-5658-3676-3

前　言

习近平总书记指出："推进全民守法，必须着力增强全民法治观念。要坚持把全民普法和守法作为依法治国的长期基础性工作，采取有力措施加强法制宣传教育。要坚持法治教育从娃娃抓起，把法治教育纳入国民教育体系和精神文明创建内容，由易到难、循序渐进不断增强青少年的规则意识。要健全公民和组织守法信用记录，完善守法诚信褒奖机制和违法失信行为惩戒机制，形成守法光荣、违法可耻的社会氛围，使遵法守法成为全体人民共同追求和自觉行动。"

中共中央、国务院曾经转发了中央宣传部、司法部关于在公民中开展法治宣传教育的规划，并发出通知，要求各地区各部门结合实际认真贯彻执行。通知指出，全民普法和守法是依法治国的长期基础性工作。深入开展法治宣传教育，是全面建成小康社会和新农村的重要保障。

普法规划指出：各地区各部门要根据实际需要，从不同群体的特点出发，因地制宜开展有特色的法治宣传教育坚持集中法治宣传教育与经常性法治宣传教育相结合，深化法律进机关、进乡村、进社区、进学校、进企业、进单位的"法律六进"主题活动，完善工作标准，建立长效机制。

特别是农业、农村和农民问题，始终是关系党和人民事业发展的全局性和根本性问题。党中央、国务院发布的《关于推进社会主义新农村建设的若干意见》中明确提出要"加强农村法制建设，深入开展农村普法教育，增强农民的法制观念，提高农民依法行使权利和履行义务的自觉性。"多年普法实践证明，普及法律知识，提高法制观念，增强全社会依法办事意识具有重要作用。特别是在广大农村进行普法教育，是提高全民法律素质的需要。

多年来，我国在农村实行的改革开放取得了极大成功，农村发生了翻天覆地的变化，广大农民生活水平大大得到了提高。但是，由于历史和社会等原因，现阶段我国一些地区农民文化素质还不高，不学法、不懂法、不守法现象虽然较原来有所改变，但仍有相当一部分群众的法制观念仍很淡化，不懂、不愿借助法律来保护自身权益，这就极易受到不法的侵害，或极易进行违法犯罪活动，严重阻碍了全面建成小康社会和新农村步伐。

为此，根据党和政府的指示精神以及普法规划，特别是根据广大农村农民的现状，在有关部门和专家的指导下，特别编辑了这套《全国普法学习读本》。主要包括了广大人民群众应知应懂、实际实用的法律法规。为了辅导学习，附录还收入了相应法律法规的条例准则、实施细则、解读解答、案例分析等；同时为了突出法律法规的实际实用特点，兼顾地方性和特殊性，附录还收入了部分某些地方性法律法规以及非法律法规的政策文件、管理制度、应用表格等内容，拓展了本书的知识范围，使法律法规更"接地气"，便于读者学习掌握和实际应用。

在众多法律法规中，我们通过甄别，淘汰了废止的，精选了最新的、权威的和全面的。但有部分法律法规有些条款不适应当下情况了，却没有颁布新的，我们又不能擅自改动，只得保留原有条款，但附录却有相应的补充修改意见或通知等。众多法律法规根据不同内容和受众特点，经过归类组合，优化配套。整套普法读本非常全面系统，具有很强的学习性、实用性和指导性，非常适合用于广大农村和城乡普法学习教育与实践指导。总之，是全国全民普法的良好读本。

目　录

乡村振兴最新政策

中国传统村落警示和退出暂行规定（试行）

"四好农村路"督导考评办法

乡村振兴最新政策

中共中央　国务院关于实施
乡村振兴战略的意见

（2018 年 1 月 2 日）

（摘自中华人民共和国中央人民政府网站）

实施乡村振兴战略，是党的十九大作出的重大决策部署，是决胜全面建成小康社会、全面建设社会主义现代化国家的重大历史任务，是新时代"三农"工作的总抓手。现就实施乡村振兴战略提出如下意见。

一、新时代实施乡村振兴战略的重大意义

党的十八大以来，在以习近平同志为核心的党中央坚强领导下，我们坚持把解决好"三农"问题作为全党工作重中之重，持续加大强农惠农富农政策力度，扎实推进农业现代化和新农村建设，全面深化农村改革，农业农村发展取得了历史性成就，为党和国家事业全面开创新局面提供了重要支撑。5 年来，粮食生产能力跨上新台阶，农业供给侧结构性改革迈出新步伐，农民收入持续增长，农村民生全面改善，脱贫攻坚战取得决定性进展，农村生态文明建设显著加强，农民获得感显著提升，农村社会稳定和谐。农业农村发展取得的重大成就和"三农"工作积累的丰富经验，为实施乡村振兴战略奠定了良好基础。

农业农村农民问题是关系国计民生的根本性问题。没有农业农村的现代化，就没有国家的现代化。当前，我国发展不平衡不充分问题在乡村最为突出，主要表现在：农产品阶段性供过于求和供给不足并存，农业供给质量亟待提高；农民适应生产力发展和市场竞争的能力不足，新型职业农民队伍建设亟需加强；农村基础设施和民生领域欠账较多，农村环境和生态问题比较突出，乡村发展整体水平亟待提升；国家支农体系相对薄弱，农村金融改革任务繁重，城乡之间要素合理流动机制亟待健全；农村基层党建存在薄弱环节，乡村治理体系和治理能力亟待强化。实施乡村振兴战略，是解决人民日益增长的美好生活需要和不平衡不充分的发展之间矛盾的必然要求，是实现"两个一百年"奋斗目标的必然要求，是实现全体人民共同富裕的必然要求。

在中国特色社会主义新时代，乡村是一个可以大有作为的广阔天地，迎来了难得的发展机遇。我们有党的领导的政治优势，有社会主义的制度优势，有亿万农民的创造精神，有强大的经济实力支撑，有历史悠久的农耕文明，有旺盛的市场需求，完全有条件有能力实施乡村振兴战略。必须立足国情农情，顺势而为，切实增强责任感使命感紧迫感，举全党全国全社会之力，以更大的决心、更明确的目标、更有力的举措，推动农业全面升级、农村全面进步、农民全面发展，谱写新时代乡村全面振兴新篇章。

二、实施乡村振兴战略的总体要求

（一）指导思想。全面贯彻党的十九大精神，以习近平新时代中国特色社会主义思想为指导，加强党对"三农"工作的领导，坚持稳中求进工作总基调，牢固树立新发展理念，落实高质量发展的要求，紧紧围绕统筹推进"五位一体"总体布局和协调推进"四个全面"战略布局，坚持把解决好"三农"问题作为全党工作重中之重，坚持农业农村优先发展，按照产业兴旺、生态宜居、乡风文明、治理有效、生活富裕的总要求，建立健全城乡融合发展体制机制和政策体系，统筹推进农村经济建设、政治建设、文化建设、社会建设、生态文明建设和党的建设，加快推进乡村治理体系和治理能力现代化，加快推进农业农村现代化，走中国特色社会主义乡村振兴道路，让农业成为有奔头的产业，让农民成为有吸引力的职业，让农村成为安居乐业的美丽家园。

（二）目标任务。按照党的十九大提出的决胜全面建成小康社会、分两个阶段实现第二个百年奋斗目标的战略安排，实施乡村振兴战略的目标任务是：

到 2020 年，乡村振兴取得重要进展，制度框架和政策体系基本形成。农业综合生产能力稳步提升，农业供给体系质量明显提高，农村一二三产业融合发展水平进一步提升；农民增收渠道进一步拓宽，城乡居民生活水平差距持续缩小；现行标准下农村贫困人口实现脱贫，贫困县全部摘帽，解决区域性整体贫困；农村基础设施建设深入推进，农村人居环境明显改善，美丽宜居乡村建设扎实推进；城乡基本公共服务均等化水平进一步提高，城乡融合发展体制机制初步建立；农村对人才吸引力逐步增强；农村生态环境明显好转，农业生态服务能力进一步提高；以党组织为核心的农村基层组织建设进一步加强，乡村治理体系进一步完善；党的农村工作领导体制机制进一步健全；各地区各部门推进乡村振兴的思路举措得以确立。

到 2035 年，乡村振兴取得决定性进展，农业农村现代化基本实现。农业结构得到根本性改善，农民就业质量显著提高，相对贫困进一步缓解，共同富裕迈出坚实步伐；城乡基本公共服务均等化基本实现，城乡融合发展体制机制更加完善；乡风文明达到新高度，乡村治理体系更加完善；农村生态环境根本好转，美丽宜居乡村基本实现。

到 2050 年，乡村全面振兴，农业强、农村美、农民富全面实现。

（三）基本原则

——坚持党管农村工作。毫不动摇地坚持和加强党对农村工作的领导，健全党管农村工作领导体制机制和党内法规，确保党在农村工作中始终总揽全局、协调各方，为乡村振兴提供坚强有力的政治保障。

——坚持农业农村优先发展。把实现乡村振兴作为全党的共同意志、共同行动，做到认识统一、步调一致，在干部配备上优先考虑，在要素配置上优先满足，在资金投入上优先保障，在公共服务上优先安排，加快补齐农业农村短板。

——坚持农民主体地位。充分尊重农民意愿，切实发挥农民在乡村振兴中的主体作用，调动亿万农民的积极性、主动性、创造性，把维护农民群众根本利益、促进农民共同富裕作为出发点和落脚点，促进农民持续增收，不断提升农民的获得感、幸福感、安全感。

——坚持乡村全面振兴。准确把握乡村振兴的科学内涵，挖掘乡村多种功能和价值，统筹谋划农村经济建设、政治建设、文化建设、社会建设、生态文明建设和党的建设，注重协同性、关联性，整体部署，协调推进。

——坚持城乡融合发展。坚决破除体制机制弊端，使市场在资源配置中起决定性作用，更好发挥政府作用，推动城乡要素自由流动、平等交换，推动新型工业化、信息化、城镇化、农业现代化同步发展，加快形成工农互促、城乡互补、全面融合、共同繁荣的新型工农城乡关系。

——坚持人与自然和谐共生。牢固树立和践行绿水青山就是金山银山的理念，落实节约优先、保护优先、自然恢复为主的方针，统筹山水林田湖草系统治理，严守生态保护红线，以绿色发展引领乡村振兴。

——坚持因地制宜、循序渐进。科学把握乡村的差异性和发展走势分化特征，做好顶层设计，注重规划先行、突出重点、分类施策、典型引路。既尽力而为，又量力而行，不搞层层加码，不搞一刀切，不搞形式主义，久久为功，扎实推进。

三、提升农业发展质量，培育乡村发展新动能

乡村振兴，产业兴旺是重点。必须坚持质量兴农、绿色兴农，以农业供给侧结构性改革为主线，加快构建现代农业产业

体系、生产体系、经营体系，提高农业创新力、竞争力和全要素生产率，加快实现由农业大国向农业强国转变。

（一）夯实农业生产能力基础。深入实施藏粮于地、藏粮于技战略，严守耕地红线，确保国家粮食安全，把中国人的饭碗牢牢端在自己手中。全面落实永久基本农田特殊保护制度，加快划定和建设粮食生产功能区、重要农产品生产保护区，完善支持政策。大规模推进农村土地整治和高标准农田建设，稳步提升耕地质量，强化监督考核和地方政府责任。加强农田水利建设，提高抗旱防洪除涝能力。实施国家农业节水行动，加快灌区续建配套与现代化改造，推进小型农田水利设施达标提质，建设一批重大高效节水灌溉工程。加快建设国家农业科技创新体系，加强面向全行业的科技创新基地建设。深化农业科技成果转化和推广应用改革。加快发展现代农作物、畜禽、水产、林木种业，提升自主创新能力。高标准建设国家南繁育种基地。推进我国农机装备产业转型升级，加强科研机构、设备制造企业联合攻关，进一步提高大宗农作物机械国产化水平，加快研发经济作物、养殖业、丘陵山区农林机械，发展高端农机装备制造。优化农业从业者结构，加快建设知识型、技能型、创新型农业经营者队伍。大力发展数字农业，实施智慧农业林业水利工程，推进物联网试验示范和遥感技术应用。

（二）实施质量兴农战略。制定和实施国家质量兴农战略规划，建立健全质量兴农评价体系、政策体系、工作体系和考核体系。深入推进农业绿色化、优质化、特色化、品牌化，调整优化农业生产力布局，推动农业由增产导向转向提质导向。推进特色农产品优势区创建，建设现代农业产业园、农业科技园。

实施产业兴村强县行动，推行标准化生产，培育农产品品牌，保护地理标志农产品，打造一村一品、一县一业发展新格局。加快发展现代高效林业，实施兴林富民行动，推进森林生态标志产品建设工程。加强植物病虫害、动物疫病防控体系建设。优化养殖业空间布局，大力发展绿色生态健康养殖，做大做强民族奶业。统筹海洋渔业资源开发，科学布局近远海养殖和远洋渔业，建设现代化海洋牧场。建立产学研融合的农业科技创新联盟，加强农业绿色生态、提质增效技术研发应用。切实发挥农垦在质量兴农中的带动引领作用。实施食品安全战略，完善农产品质量和食品安全标准体系，加强农业投入品和农产品质量安全追溯体系建设，健全农产品质量和食品安全监管体制，重点提高基层监管能力。

（三）构建农村一二三产业融合发展体系。大力开发农业多种功能，延长产业链、提升价值链、完善利益链，通过保底分红、股份合作、利润返还等多种形式，让农民合理分享全产业链增值收益。实施农产品加工业提升行动，鼓励企业兼并重组，淘汰落后产能，支持主产区农产品就地加工转化增值。重点解决农产品销售中的突出问题，加强农产品产后分级、包装、营销，建设现代化农产品冷链仓储物流体系，打造农产品销售公共服务平台，支持供销、邮政及各类企业把服务网点延伸到乡村，健全农产品产销稳定衔接机制，大力建设具有广泛性的促进农村电子商务发展的基础设施，鼓励支持各类市场主体创新发展基于互联网的新型农业产业模式，深入实施电子商务进农村综合示范，加快推进农村流通现代化。实施休闲农业和乡村旅游精品工程，建设一批设施完备、功能多样的休闲观光园区、森林人家、康养基地、乡村民宿、特色小镇。对利用闲置农房发展民宿、养老等项目，研究出台消防、特种行业经营等领域便利市场准入、加强事中事后监管的管理办法。发展乡村共享经济、创意农业、特色文化产业。

（四）构建农业对外开放新格局。优化资源配置，着力节本增效，提高我国农产品国际竞争力。实施特色优势农产品出口提升行动，扩大高附加值农产品出口。建立健全我国农业贸易政策体系。深化与"一带一路"沿线国家和地区农产品贸易关系。积极支持农业走出去，培育具有国际竞争力的大粮商和农业企业集团。积极参与全球粮食安全治理和农业贸易规则制定，促进形成更加公平合理的农业国际贸易秩序。进一步加大农产品反走私综合治理力度。

（五）促进小农户和现代农业发展有机衔接。统筹兼顾培育新型农业经营主体和扶持小农户，采取有针对性的措施，把小农生产引入现代农业发展轨道。培育各类专业化市场化服务组织，推进农业生产全程社会化服务，帮助小农户节本增效。发展多样化的联合与合作，提升小农户组织化程度。注重发挥新型农业经营主体带动作用，打造区域公用品牌，开展农超对接、农社对接，帮助小农户对接市场。扶持小农户发展生态农业、设施农业、体验农业、定制农业，提高产品档次和附加值，拓展增收空间。改善小农户生产设施条件，提升小农户抗风险能力。研究制定扶持小农生产的政策意见。

四、推进乡村绿色发展，打造人与自然和谐共生发展新格局

乡村振兴，生态宜居是关键。良好生态环境是农村最大优势和宝贵财富。必须尊重自然、顺应自然、保护自然，推动乡

村自然资本加快增值，实现百姓富、生态美的统一。

（一）统筹山水林田湖草系统治理。把山水林田湖草作为一个生命共同体，进行统一保护、统一修复。实施重要生态系统保护和修复工程。健全耕地草原森林河流湖泊休养生息制度，分类有序退出超载的边际产能。扩大耕地轮作休耕制度试点。科学划定江河湖海限捕、禁捕区域，健全水生生态保护修复制度。实行水资源消耗总量和强度双控行动。开展河湖水系连通和农村河塘清淤整治，全面推行河长制、湖长制。加大农业水价综合改革工作力度。开展国土绿化行动，推进荒漠化、石漠化、水土流失综合治理。强化湿地保护和恢复，继续开展退耕还湿。完善天然林保护制度，把所有天然林都纳入保护范围。扩大退耕还林还草、退牧还草，建立成果巩固长效机制。继续实施三北防护林体系建设等林业重点工程，实施森林质量精准提升工程。继续实施草原生态保护补助奖励政策。实施生物多样性保护重大工程，有效防范外来生物入侵。

（二）加强农村突出环境问题综合治理。加强农业面源污染防治，开展农业绿色发展行动，实现投入品减量化、生产清洁化、废弃物资源化、产业模式生态化。推进有机肥替代化肥、畜禽粪污处理、农作物秸秆综合利用、废弃农膜回收、病虫害绿色防控。加强农村水环境治理和农村饮用水水源保护，实施农村生态清洁小流域建设。扩大华北地下水超采区综合治理范围。推进重金属污染耕地防控和修复，开展土壤污染治理与修复技术应用试点，加大东北黑土地保护力度。实施流域环境和近岸海域综合治理。严禁工业和城镇污染向农业农村转移。加强农村环境监管能力建设，落实县乡两级农村环境保护主体责任。

（三）建立市场化多元化生态补偿机制。落实农业功能区制度，加大重点生态功能区转移支付力度，完善生态保护成效与资金分配挂钩的激励约束机制。鼓励地方在重点生态区位推行商品林赎买制度。健全地区间、流域上下游之间横向生态保护补偿机制，探索建立生态产品购买、森林碳汇等市场化补偿制度。建立长江流域重点水域禁捕补偿制度。推行生态建设和保护以工代赈做法，提供更多生态公益岗位。

（四）增加农业生态产品和服务供给。正确处理开发与保护的关系，运用现代科技和管理手段，将乡村生态优势转化为发展生态经济的优势，提供更多更好的绿色生态产品和服务，促进生态和经济良性循环。加快发展森林草原旅游、河湖湿地观光、冰雪海上运动、野生动物驯养观赏等产业，积极开发观光农业、游憩休闲、健康养生、生态教育等服务。创建一批特色生态旅游示范村镇和精品线路，打造绿色生态环保的乡村生态旅游产业链。

五、繁荣兴盛农村文化，焕发乡风文明新气象

乡村振兴，乡风文明是保障。必须坚持物质文明和精神文明一起抓，提升农民精神风貌，培育文明乡风、良好家风、淳朴民风，不断提高乡村社会文明程度。

（一）加强农村思想道德建设。以社会主义核心价值观为引领，坚持教育引导、实践养成、制度保障三管齐下，采取符合农村特点的有效方式，深化中国特色社会主义和中国梦宣传教育，大力弘扬民族精神和时代精神。加强爱国主义、集体主义、社会主义教育，深化民族团结进步教育，加强农村思想文化阵地建设。深入实施公民道德建设工程，挖掘农村传统道德教育

资源，推进社会公德、职业道德、家庭美德、个人品德建设。推进诚信建设，强化农民的社会责任意识、规则意识、集体意识、主人翁意识。

（二）传承发展提升农村优秀传统文化。立足乡村文明，吸取城市文明及外来文化优秀成果，在保护传承的基础上，创造性转化、创新性发展，不断赋予时代内涵、丰富表现形式。切实保护好优秀农耕文化遗产，推动优秀农耕文化遗产合理适度利用。深入挖掘农耕文化蕴含的优秀思想观念、人文精神、道德规范，充分发挥其在凝聚人心、教化群众、淳化民风中的重要作用。划定乡村建设的历史文化保护线，保护好文物古迹、传统村落、民族村寨、传统建筑、农业遗迹、灌溉工程遗产。支持农村地区优秀戏曲曲艺、少数民族文化、民间文化等传承发展。

（三）加强农村公共文化建设。按照有标准、有网络、有内容、有人才的要求，健全乡村公共文化服务体系。发挥县级公共文化机构辐射作用，推进基层综合性文化服务中心建设，实现乡村两级公共文化服务全覆盖，提升服务效能。深入推进文化惠民，公共文化资源要重点向乡村倾斜，提供更多更好的农村公共文化产品和服务。支持"三农"题材文艺创作生产，鼓励文艺工作者不断推出反映农民生产生活尤其是乡村振兴实践的优秀文艺作品，充分展示新时代农村农民的精神面貌。培育挖掘乡土文化本土人才，开展文化结对帮扶，引导社会各界人士投身乡村文化建设。活跃繁荣农村文化市场，丰富农村文化业态，加强农村文化市场监管。

（四）开展移风易俗行动。广泛开展文明村镇、星级文明户、文明家庭等群众性精神文明创建活动。遏制大操大办、厚葬薄养、人情攀比等陈规陋习。加强无神论宣传教育，丰富农民群众精神文化生活，抵制封建迷信活动。深化农村殡葬改革。加强农村科普工作，提高农民科学文化素养。

六、加强农村基层基础工作，构建乡村治理新体系

乡村振兴，治理有效是基础。必须把夯实基层基础作为固本之策，建立健全党委领导、政府负责、社会协同、公众参与、法治保障的现代乡村社会治理体制，坚持自治、法治、德治相结合，确保乡村社会充满活力、和谐有序。

（一）加强农村基层党组织建设。扎实推进抓党建促乡村振兴，突出政治功能，提升组织力，抓乡促村，把农村基层党组织建成坚强战斗堡垒。强化农村基层党组织领导核心地位，创新组织设置和活动方式，持续整顿软弱涣散村党组织，稳妥有序开展不合格党员处置工作，着力引导农村党员发挥先锋模范作用。建立选派第一书记工作长效机制，全面向贫困村、软弱涣散村和集体经济薄弱村党组织派出第一书记。实施农村带头人队伍整体优化提升行动，注重吸引高校毕业生、农民工、机关企事业单位优秀党员干部到村任职，选优配强村党组织书记。健全从优秀村党组织书记中选拔乡镇领导干部、考录乡镇机关公务员、招聘乡镇事业编制人员制度。加大在优秀青年农民中发展党员力度。建立农村党员定期培训制度。全面落实村级组织运转经费保障政策。推行村级小微权力清单制度，加大基层小微权力腐败惩处力度。严厉整治惠农补贴、集体资产管理、土地征收等领域侵害农民利益的不正之风和腐败问题。

（二）深化村民自治实践。坚持自治为基，加强农村群众性

自治组织建设，健全和创新村党组织领导的充满活力的村民自治机制。推动村党组织书记通过选举担任村委会主任。发挥自治章程、村规民约的积极作用。全面建立健全村务监督委员会，推行村级事务阳光工程。依托村民会议、村民代表会议、村民议事会、村民理事会、村民监事会等，形成民事民议、民事民办、民事民管的多层次基层协商格局。积极发挥新乡贤作用。推动乡村治理重心下移，尽可能把资源、服务、管理下放到基层。继续开展以村民小组或自然村为基本单元的村民自治试点工作。加强农村社区治理创新。创新基层管理体制机制，整合优化公共服务和行政审批职责，打造"一门式办理"、"一站式服务"的综合服务平台。在村庄普遍建立网上服务站点，逐步形成完善的乡村便民服务体系。大力培育服务性、公益性、互助性农村社会组织，积极发展农村社会工作和志愿服务。集中清理上级对村级组织考核评比多、创建达标多、检查督查多等突出问题。维护村民委员会、农村集体经济组织、农村合作经济组织的特别法人地位和权利。

（三）建设法治乡村。坚持法治为本，树立依法治理理念，强化法律在维护农民权益、规范市场运行、农业支持保护、生态环境治理、化解农村社会矛盾等方面的权威地位。增强基层干部法治观念、法治为民意识，将政府涉农各项工作纳入法治化轨道。深入推进综合行政执法改革向基层延伸，创新监管方式，推动执法队伍整合、执法力量下沉，提高执法能力和水平。建立健全乡村调解、县市仲裁、司法保障的农村土地承包经营纠纷调处机制。加大农村普法力度，提高农民法治素养，引导广大农民增强尊法学法守法用法意识。健全农村公共法律服务体系，加强对农民的法律援助和司法救助。

（四）提升乡村德治水平。深入挖掘乡村熟人社会蕴含的道德规范，结合时代要求进行创新，强化道德教化作用，引导农民向上向善、孝老爱亲、重义守信、勤俭持家。建立道德激励约束机制，引导农民自我管理、自我教育、自我服务、自我提高，实现家庭和睦、邻里和谐、干群融洽。广泛开展好媳妇、好儿女、好公婆等评选表彰活动，开展寻找最美乡村教师、医生、村官、家庭等活动。深入宣传道德模范、身边好人的典型事迹，弘扬真善美，传播正能量。

（五）建设平安乡村。健全落实社会治安综合治理领导责任制，大力推进农村社会治安防控体系建设，推动社会治安防控力量下沉。深入开展扫黑除恶专项斗争，严厉打击农村黑恶势力、宗族恶势力，严厉打击黄赌毒盗拐骗等违法犯罪。依法加大对农村非法宗教活动和境外渗透活动打击力度，依法制止利用宗教干预农村公共事务，继续整治农村乱建庙宇、滥塑宗教造像。完善县乡村三级综治中心功能和运行机制。健全农村公共安全体系，持续开展农村安全隐患治理。加强农村警务、消防、安全生产工作，坚决遏制重特大安全事故。探索以网格化管理为抓手、以现代信息技术为支撑，实现基层服务和管理精细化精准化。推进农村"雪亮工程"建设。

七、提高农村民生保障水平，塑造美丽乡村新风貌

乡村振兴，生活富裕是根本。要坚持人人尽责、人人享有，按照抓重点、补短板、强弱项的要求，围绕农民群众最关心最直接最现实的利益问题，一件事情接着一件事情办，一年接着一年干，把乡村建设成为幸福美丽新家园。

（一）优先发展农村教育事业。高度重视发展农村义务教育，推动建立以城带乡、整体推进、城乡一体、均衡发展的义务教育发展机制。全面改善薄弱学校基本办学条件，加强寄宿制学校建设。实施农村义务教育学生营养改善计划。发展农村学前教育。推进农村普及高中阶段教育，支持教育基础薄弱县普通高中建设，加强职业教育，逐步分类推进中等职业教育免除学杂费。健全学生资助制度，使绝大多数农村新增劳动力接受高中阶段教育、更多接受高等教育。把农村需要的人群纳入特殊教育体系。以市县为单位，推动优质学校辐射农村薄弱学校常态化。统筹配置城乡师资，并向乡村倾斜，建好建强乡村教师队伍。

（二）促进农村劳动力转移就业和农民增收。健全覆盖城乡的公共就业服务体系，大规模开展职业技能培训，促进农民工多渠道转移就业，提高就业质量。深化户籍制度改革，促进有条件、有意愿、在城镇有稳定就业和住所的农业转移人口在城镇有序落户，依法平等享受城镇公共服务。加强扶持引导服务，实施乡村就业创业促进行动，大力发展文化、科技、旅游、生态等乡村特色产业，振兴传统工艺。培育一批家庭工场、手工作坊、乡村车间，鼓励在乡村地区兴办环境友好型企业，实现乡村经济多元化，提供更多就业岗位。拓宽农民增收渠道，鼓励农民勤劳守法致富，增加农村低收入者收入，扩大农村中等收入群体，保持农村居民收入增速快于城镇居民。

（三）推动农村基础设施提挡升级。继续把基础设施建设重点放在农村，加快农村公路、供水、供气、环保、电网、物流、信息、广播电视等基础设施建设，推动城乡基础设施互联互通。

以示范县为载体全面推进"四好农村路"建设，加快实施通村组硬化路建设。加大成品油消费税转移支付资金用于农村公路养护力度。推进节水供水重大水利工程，实施农村饮水安全巩固提升工程。加快新一轮农村电网改造升级，制定农村通动力电规划，推进农村可再生能源开发利用。实施数字乡村战略，做好整体规划设计，加快农村地区宽带网络和第四代移动通信网络覆盖步伐，开发适应"三农"特点的信息技术、产品、应用和服务，推动远程医疗、远程教育等应用普及，弥合城乡数字鸿沟。提升气象为农服务能力。加强农村防灾减灾救灾能力建设。抓紧研究提出深化农村公共基础设施管护体制改革指导意见。

（四）加强农村社会保障体系建设。完善统一的城乡居民基本医疗保险制度和大病保险制度，做好农民重特大疾病救助工作。巩固城乡居民医保全国异地就医联网直接结算。完善城乡居民基本养老保险制度，建立城乡居民基本养老保险待遇确定和基础养老金标准正常调整机制。统筹城乡社会救助体系，完善最低生活保障制度，做好农村社会救助兜底工作。将进城落户农业转移人口全部纳入城镇住房保障体系。构建多层次农村养老保障体系，创新多元化照料服务模式。健全农村留守儿童和妇女、老年人以及困境儿童关爱服务体系。加强和改善农村残疾人服务。

（五）推进健康乡村建设。强化农村公共卫生服务，加强慢性病综合防控，大力推进农村地区精神卫生、职业病和重大传染病防治。完善基本公共卫生服务项目补助政策，加强基层医疗卫生服务体系建设，支持乡镇卫生院和村卫生室改善条件。

加强乡村中医药服务。开展和规范家庭医生签约服务，加强妇幼、老人、残疾人等重点人群健康服务。倡导优生优育。深入开展乡村爱国卫生运动。

（六）持续改善农村人居环境。实施农村人居环境整治三年行动计划，以农村垃圾、污水治理和村容村貌提升为主攻方向，整合各种资源，强化各种举措，稳步有序推进农村人居环境突出问题治理。坚持不懈推进农村"厕所革命"，大力开展农村户用卫生厕所建设和改造，同步实施粪污治理，加快实现农村无害化卫生厕所全覆盖，努力补齐影响农民群众生活品质的短板。总结推广适用不同地区的农村污水治理模式，加强技术支撑和指导。深入推进农村环境综合整治。推进北方地区农村散煤替代，有条件的地方有序推进煤改气、煤改电和新能源利用。逐步建立农村低收入群体安全住房保障机制。强化新建农房规划管控，加强"空心村"服务管理和改造。保护保留乡村风貌，开展田园建筑示范，培养乡村传统建筑名匠。实施乡村绿化行动，全面保护古树名木。持续推进宜居宜业的美丽乡村建设。

八、打好精准脱贫攻坚战，增强贫困群众获得感

乡村振兴，摆脱贫困是前提。必须坚持精准扶贫、精准脱贫，把提高脱贫质量放在首位，既不降低扶贫标准，也不吊高胃口，采取更加有力的举措、更加集中的支持、更加精细的工作，坚决打好精准脱贫这场对全面建成小康社会具有决定性意义的攻坚战。

（一）瞄准贫困人口精准帮扶。对有劳动能力的贫困人口，强化产业和就业扶持，着力做好产销衔接、劳务对接，实现稳定脱贫。有序推进易地扶贫搬迁，让搬迁群众搬得出、稳得住、

能致富。对完全或部分丧失劳动能力的特殊贫困人口，综合实施保障性扶贫政策，确保病有所医、残有所助、生活有兜底。做好农村最低生活保障工作的动态化精细化管理，把符合条件的贫困人口全部纳入保障范围。

（二）聚焦深度贫困地区集中发力。全面改善贫困地区生产生活条件，确保实现贫困地区基本公共服务主要指标接近全国平均水平。以解决突出制约问题为重点，以重大扶贫工程和到村到户帮扶为抓手，加大政策倾斜和扶贫资金整合力度，着力改善深度贫困地区发展条件，增强贫困农户发展能力，重点攻克深度贫困地区脱贫任务。新增脱贫攻坚资金项目主要投向深度贫困地区，增加金融投入对深度贫困地区的支持，新增建设用地指标优先保障深度贫困地区发展用地需要。

（三）激发贫困人口内生动力。把扶贫同扶志、扶智结合起来，把救急纾困和内生脱贫结合起来，提升贫困群众发展生产和务工经商的基本技能，实现可持续稳固脱贫。引导贫困群众克服等靠要思想，逐步消除精神贫困。要打破贫困均衡，促进形成自强自立、争先脱贫的精神风貌。改进帮扶方式方法，更多采用生产奖补、劳务补助、以工代赈等机制，推动贫困群众通过自己的辛勤劳动脱贫致富。

（四）强化脱贫攻坚责任和监督。坚持中央统筹省负总责市县抓落实的工作机制，强化党政一把手负总责的责任制。强化县级党委作为全县脱贫攻坚总指挥部的关键作用，脱贫攻坚期内贫困县县级党政正职要保持稳定。开展扶贫领域腐败和作风问题专项治理，切实加强扶贫资金管理，对挪用和贪污扶贫款项的行为严惩不贷。将 2018 年作为脱贫攻坚作风建设年，集中力量解决突出作风问题。科学确定脱贫摘帽时间，对弄虚作假、搞数字脱贫的严肃查处。完善扶贫督查巡查、考核评估办法，除党中央、国务院统一部署外，各部门一律不准再组织其他检查考评。严格控制各地开展增加一线扶贫干部负担的各类检查考评，切实给基层减轻工作负担。关心爱护战斗在扶贫第一线的基层干部，制定激励政策，为他们工作生活排忧解难，保护和调动他们的工作积极性。做好实施乡村振兴战略与打好精准脱贫攻坚战的有机衔接。制定坚决打好精准脱贫攻坚战三年行动指导意见。研究提出持续减贫的意见。

九、推进体制机制创新，强化乡村振兴制度性供给

实施乡村振兴战略，必须把制度建设贯穿其中。要以完善产权制度和要素市场化配置为重点，激活主体、激活要素、激活市场，着力增强改革的系统性、整体性、协同性。

（一）巩固和完善农村基本经营制度。落实农村土地承包关系稳定并长久不变政策，衔接落实好第二轮土地承包到期后再延长 30 年的政策，让农民吃上长效"定心丸"。全面完成土地承包经营权确权登记颁证工作，实现承包土地信息联通共享。完善农村承包地"三权分置"制度，在依法保护集体土地所有权和农户承包权前提下，平等保护土地经营权。农村承包土地经营权可以依法向金融机构融资担保、入股从事农业产业化经营。实施新型农业经营主体培育工程，培育发展家庭农场、合作社、龙头企业、社会化服务组织和农业产业化联合体，发展多种形式适度规模经营。

（二）深化农村土地制度改革。系统总结农村土地征收、集体经营性建设用地入市、宅基地制度改革试点经验，逐步扩大

试点，加快土地管理法修改，完善农村土地利用管理政策体系。扎实推进房地一体的农村集体建设用地和宅基地使用权确权登记颁证。完善农民闲置宅基地和闲置农房政策，探索宅基地所有权、资格权、使用权"三权分置"，落实宅基地集体所有权，保障宅基地农户资格权和农民房屋财产权，适度放活宅基地和农民房屋使用权，不得违规违法买卖宅基地，严格实行土地用途管制，严格禁止下乡利用农村宅基地建设别墅大院和私人会馆。在符合土地利用总体规划前提下，允许县级政府通过村土地利用规划，调整优化村庄用地布局，有效利用农村零星分散的存量建设用地；预留部分规划建设用地指标用于单独选址的农业设施和休闲旅游设施等建设。对利用收储农村闲置建设用地发展农村新产业新业态的，给予新增建设用地指标奖励。进一步完善设施农用地政策。

（三）深入推进农村集体产权制度改革。全面开展农村集体资产清产核资、集体成员身份确认，加快推进集体经营性资产股份合作制改革。推动资源变资产、资金变股金、农民变股东，探索农村集体经济新的实现形式和运行机制。坚持农村集体产权制度改革正确方向，发挥村党组织对集体经济组织的领导核心作用，防止内部少数人控制和外部资本侵占集体资产。维护进城落户农民土地承包权、宅基地使用权、集体收益分配权，引导进城落户农民依法自愿有偿转让上述权益。研究制定农村集体经济组织法，充实农村集体产权权能。全面深化供销合作社综合改革，深入推进集体林权、水利设施产权等领域改革，做好农村综合改革、农村改革试验区等工作。

（四）完善农业支持保护制度。以提升农业质量效益和竞争力为目标，强化绿色生态导向，创新完善政策工具和手段，扩大"绿箱"政策的实施范围和规模，加快建立新型农业支持保护政策体系。深化农产品收储制度和价格形成机制改革，加快培育多元市场购销主体，改革完善中央储备粮管理体制。通过完善拍卖机制、定向销售、包干销售等，加快消化政策性粮食库存。落实和完善对农民直接补贴制度，提高补贴效能。健全粮食主产区利益补偿机制。探索开展稻谷、小麦、玉米三大粮食作物完全成本保险和收入保险试点，加快建立多层次农业保险体系。

十、汇聚全社会力量，强化乡村振兴人才支撑

实施乡村振兴战略，必须破解人才瓶颈制约。要把人力资本开发放在首要位置，畅通智力、技术、管理下乡通道，造就更多乡土人才，聚天下人才而用之。

（一）大力培育新型职业农民。全面建立职业农民制度，完善配套政策体系。实施新型职业农民培育工程。支持新型职业农民通过弹性学制参加中高等农业职业教育。创新培训机制，支持农民专业合作社、专业技术协会、龙头企业等主体承担培训。引导符合条件的新型职业农民参加城镇职工养老、医疗等社会保障制度。鼓励各地开展职业农民职称评定试点。

（二）加强农村专业人才队伍建设。建立县域专业人才统筹使用制度，提高农村专业人才服务保障能力。推动人才管理职能部门简政放权，保障和落实基层用人主体自主权。推行乡村教师"县管校聘"。实施好边远贫困地区、边疆民族地区和革命老区人才支持计划，继续实施"三支一扶"、特岗教师计划等，组织实施高校毕业生基层成长计划。支持地方高等学校、职业

院校综合利用教育培训资源，灵活设置专业（方向），创新人才培养模式，为乡村振兴培养专业化人才。扶持培养一批农业职业经理人、经纪人、乡村工匠、文化能人、非遗传承人等。

（三）发挥科技人才支撑作用。全面建立高等院校、科研院所等事业单位专业技术人员到乡村和企业挂职、兼职和离岗创新创业制度，保障其在职称评定、工资福利、社会保障等方面的权益。深入实施农业科研杰出人才计划和杰出青年农业科学家项目。健全种业等领域科研人员以知识产权明晰为基础、以知识价值为导向的分配政策。探索公益性和经营性农技推广融合发展机制，允许农技人员通过提供增值服务合理取酬。全面实施农技推广服务特聘计划。

（四）鼓励社会各界投身乡村建设。建立有效激励机制，以乡情乡愁为纽带，吸引支持企业家、党政干部、专家学者、医生教师、规划师、建筑师、律师、技能人才等，通过下乡担任志愿者、投资兴业、包村包项目、行医办学、捐资捐物、法律服务等方式服务乡村振兴事业。研究制定管理办法，允许符合要求的公职人员回乡任职。吸引更多人才投身现代农业，培养造就新农民。加快制定鼓励引导工商资本参与乡村振兴的指导意见，落实和完善融资贷款、配套设施建设补助、税费减免、用地等扶持政策，明确政策边界，保护好农民利益。发挥工会、共青团、妇联、科协、残联等群团组织的优势和力量，发挥各民主党派、工商联、无党派人士等积极作用，支持农村产业发展、生态环境保护、乡风文明建设、农村弱势群体关爱等。实施乡村振兴"巾帼行动"。加强对下乡组织和人员的管理服务，使之成为乡村振兴的建设性力量。

（五）创新乡村人才培育引进使用机制。建立自主培养与人才引进相结合，学历教育、技能培训、实践锻炼等多种方式并举的人力资源开发机制。建立城乡、区域、校地之间人才培养合作与交流机制。全面建立城市医生教师、科技文化人员等定期服务乡村机制。研究制定鼓励城市专业人才参与乡村振兴的政策。

十一、开拓投融资渠道，强化乡村振兴投入保障

实施乡村振兴战略，必须解决钱从哪里来的问题。要健全投入保障制度，创新投融资机制，加快形成财政优先保障、金融重点倾斜、社会积极参与的多元投入格局，确保投入力度不断增强、总量持续增加。

（一）确保财政投入持续增长。建立健全实施乡村振兴战略财政投入保障制度，公共财政更大力度向"三农"倾斜，确保财政投入与乡村振兴目标任务相适应。优化财政供给结构，推进行业内资金整合与行业间资金统筹相互衔接配合，增加地方自主统筹空间，加快建立涉农资金统筹整合长效机制。充分发挥财政资金的引导作用，撬动金融和社会资本更多投向乡村振兴。切实发挥全国农业信贷担保体系作用，通过财政担保费率补助和以奖代补等，加大对新型农业经营主体支持力度。加快设立国家融资担保基金，强化担保融资增信功能，引导更多金融资源支持乡村振兴。支持地方政府发行一般债券用于支持乡村振兴、脱贫攻坚领域的公益性项目。稳步推进地方政府专项债券管理改革，鼓励地方政府试点发行项目融资和收益自平衡的专项债券，支持符合条件、有一定收益的乡村公益性项目建设。规范地方政府举债融资行为，不得借乡村振兴之名违法违

规变相举债。

（二）拓宽资金筹集渠道。调整完善土地出让收入使用范围，进一步提高农业农村投入比例。严格控制未利用地开垦，集中力量推进高标准农田建设。改进耕地占补平衡管理办法，建立高标准农田建设等新增耕地指标和城乡建设用地增减挂钩节余指标跨省域调剂机制，将所得收益通过支出预算全部用于巩固脱贫攻坚成果和支持实施乡村振兴战略。推广一事一议、以奖代补等方式，鼓励农民对直接受益的乡村基础设施建设投工投劳，让农民更多参与建设管护。

（三）提高金融服务水平。坚持农村金融改革发展的正确方向，健全适合农业农村特点的农村金融体系，推动农村金融机构回归本源，把更多金融资源配置到农村经济社会发展的重点领域和薄弱环节，更好满足乡村振兴多样化金融需求。要强化金融服务方式创新，防止脱实向虚倾向，严格管控风险，提高金融服务乡村振兴能力和水平。抓紧出台金融服务乡村振兴的指导意见。加大中国农业银行、中国邮政储蓄银行"三农"金融事业部对乡村振兴支持力度。明确国家开发银行、中国农业发展银行在乡村振兴中的职责定位，强化金融服务方式创新，加大对乡村振兴中长期信贷支持。推动农村信用社省联社改革，保持农村信用社县域法人地位和数量总体稳定，完善村镇银行准入条件，地方法人金融机构要服务好乡村振兴。普惠金融重点要放在乡村。推动出台非存款类放贷组织条例。制定金融机构服务乡村振兴考核评估办法。支持符合条件的涉农企业发行上市、新三板挂牌和融资、并购重组，深入推进农产品期货期权市场建设，稳步扩大"保险+期货"试点，探索"订单农业+

保险+期货（权）"试点。改进农村金融差异化监管体系，强化地方政府金融风险防范处置责任。

十二、坚持和完善党对"三农"工作的领导

实施乡村振兴战略是党和国家的重大决策部署，各级党委和政府要提高对实施乡村振兴战略重大意义的认识，真正把实施乡村振兴战略摆在优先位置，把党管农村工作的要求落到实处。

（一）完善党的农村工作领导体制机制。各级党委和政府要坚持工业农业一起抓、城市农村一起抓，把农业农村优先发展原则体现到各个方面。健全党委统一领导、政府负责、党委农村工作部门统筹协调的农村工作领导体制。建立实施乡村振兴战略领导责任制，实行中央统筹省负总责市县抓落实的工作机制。党政一把手是第一责任人，五级书记抓乡村振兴。县委书记要下大气力抓好"三农"工作，当好乡村振兴"一线总指挥"。各部门要按照职责，加强工作指导，强化资源要素支持和制度供给，做好协同配合，形成乡村振兴工作合力。切实加强各级党委农村工作部门建设，按照《中国共产党工作机关条例（试行）》有关规定，做好党的农村工作机构设置和人员配置工作，充分发挥决策参谋、统筹协调、政策指导、推动落实、督导检查等职能。各省（自治区、直辖市）党委和政府每年要向党中央、国务院报告推进实施乡村振兴战略进展情况。建立市县党政领导班子和领导干部推进乡村振兴战略的实绩考核制度，将考核结果作为选拔任用领导干部的重要依据。

（二）研究制定中国共产党农村工作条例。根据坚持党对一切工作的领导的要求和新时代"三农"工作新形势新任务新要求，研究制定中国共产党农村工作条例，把党领导农村工作的传统、要求、政策等以党内法规形式确定下来，明确加强对农村工作领导的指导思想、原则要求、工作范围和对象、主要任务、机构职责、队伍建设等，完善领导体制和工作机制，确保乡村振兴战略有效实施。

（三）加强"三农"工作队伍建设。把懂农业、爱农村、爱农民作为基本要求，加强"三农"工作干部队伍培养、配备、管理、使用。各级党委和政府主要领导干部要懂"三农"工作、会抓"三农"工作，分管领导要真正成为"三农"工作行家里手。制定并实施培训计划，全面提升"三农"干部队伍能力和水平。拓宽县级"三农"工作部门和乡镇干部来源渠道。把到农村一线工作锻炼作为培养干部的重要途径，注重提拔使用实绩优秀的干部，形成人才向农村基层一线流动的用人导向。

（四）强化乡村振兴规划引领。制定国家乡村振兴战略规划（2018—2022年），分别明确至2020年全面建成小康社会和2022年召开党的二十大时的目标任务，细化实化工作重点和政策措施，部署若干重大工程、重大计划、重大行动。各地区各部门要编制乡村振兴地方规划和专项规划或方案。加强各类规划的统筹管理和系统衔接，形成城乡融合、区域一体、多规合一的规划体系。根据发展现状和需要分类有序推进乡村振兴，对具备条件的村庄，要加快推进城镇基础设施和公共服务向农村延伸；对自然历史文化资源丰富的村庄，要统筹兼顾保护与发展；对生存条件恶劣、生态环境脆弱的村庄，要加大力度实施生态移民搬迁。

（五）强化乡村振兴法治保障。抓紧研究制定乡村振兴法的有关工作，把行之有效的乡村振兴政策法定化，充分发挥立法在乡村振兴中的保障和推动作用。及时修改和废止不适应的法律法规。推进粮食安全保障立法。各地可以从本地乡村发展实际需要出发，制定促进乡村振兴的地方性法规、地方政府规章。加强乡村统计工作和数据开发应用。

（六）营造乡村振兴良好氛围。凝聚全党全国全社会振兴乡村强大合力，宣传党的乡村振兴方针政策和各地丰富实践，振奋基层干部群众精神。建立乡村振兴专家决策咨询制度，组织智库加强理论研究。促进乡村振兴国际交流合作，讲好乡村振兴中国故事，为世界贡献中国智慧和中国方案。

让我们更加紧密地团结在以习近平同志为核心的党中央周围，高举中国特色社会主义伟大旗帜，以习近平新时代中国特色社会主义思想为指导，迎难而上、埋头苦干、开拓进取，为决胜全面建成小康社会、夺取新时代中国特色社会主义伟大胜利作出新的贡献！

国务院办公厅关于创新农村基础设施
投融资体制机制的指导意见

国办发〔2017〕17 号

各省、自治区、直辖市人民政府，国务院各部委、各直属机构：

农村基础设施是社会主义新农村建设的重要内容，是农村经济社会发展的重要支撑。近年来，我国农村道路、供水、污水垃圾处理、供电、电信等基础设施建设步伐不断加快，生产生活条件逐步改善，但由于历史欠账较多、资金投入不足、融资渠道不畅等原因，农村基础设施总体上仍比较薄弱，与全面建成小康社会的要求还有较大差距。为创新农村基础设施投融资体制机制，加快农村基础设施建设步伐，经国务院同意，现提出以下意见。

一、总体要求

（一）指导思想。全面贯彻党的十八大和十八届三中、四中、五中、六中全会精神，深入贯彻习近平总书记系列重要讲话精神和治国理政新理念新思想新战略，认真落实党中央、国务院决策部署，统筹推进"五位一体"总体布局和协调推进"四个全面"战略布局，牢固树立和贯彻落实创新、协调、绿色、开放、共享的发展理念，以加快补齐农村基础设施短板、推进城乡发展一体化为目标，以创新投融资体制机制为突破口，明确各级政府事权和投入责任，拓宽投融资渠道，优化投融资模式，加大建设投入，完善管护机制，全面提高农村基础设施建设和管理水平。

（二）基本原则。

政府主导、社会参与。明确农村基础设施的公共产品定位，强化政府投入和主导责任，加强城乡基础设施统筹规划，加大政策支持力度。破除体制机制障碍，引导和鼓励社会资本投向农村基础设施领域，提高建设和管护市场化、专业化程度。

农民受益、民主决策。发挥农民作为农村基础设施直接受益主体的作用，引导农民和农村集体经济组织积极参与项目建设和管理，推动决策民主化，保障农民知情权、参与权和监督权。

因地制宜、分类施策。充分发挥地方政府和投资主体的积极性，探索适合不同地区、不同基础设施特点的投融资机制。兼顾公平与效率，实施差别化投融资政策，加大对贫困地区的支持力度。

建管并重、统筹推进。坚持先建机制、后建工程，合理确定农村基础设施投融资模式和运行方式。推进投融资体制机制创新与建设管护机制创新、农村集体产权制度改革等有机结合，实现可持续发展。

（三）主要目标。到 2020 年，主体多元、充满活力的投融资体制基本形成，市场运作、专业高效的建管机制逐步建立，城乡基础设施建设管理一体化水平明显提高，农村基础设施条件明显改善，美丽宜居乡村建设取得明显进展，广大农民共享改革发展成果的获得感进一步增强。

二、构建多元化投融资新格局，健全投入长效机制

（四）健全分级分类投入体制。明确各级政府事权和投入责

任，构建事权清晰、权责一致、中央支持、省级统筹、县级负责的农村基础设施投入体系。对农村道路等没有收益的基础设施，建设投入以政府为主，鼓励社会资本和农民参与。对农村供水、污水垃圾处理等有一定收益的基础设施，建设投入以政府和社会资本为主，积极引导农民投入。对农村供电、电信等以经营性为主的基础设施，建设投入以企业为主，政府对贫困地区和重点区域给予补助。（国家发展改革委、财政部牵头负责）

（五）完善财政投入稳定增长机制。优先保障财政对农业农村的投入，相应支出列入各级财政预算，坚持把农业农村作为国家固定资产投资的重点领域，确保力度不减弱、总量有增加。统筹政府土地出让收益等各类资金，支持农村基础设施建设。支持地方政府以规划为依据，整合不同渠道下达但建设内容相近的资金，形成合力。（财政部、国家发展改革委牵头负责）

（六）创新政府投资支持方式。发挥政府投资的引导和撬动作用，采取直接投资、投资补助、资本金注入、财政贴息、以奖代补、先建后补、无偿提供建筑材料等多种方式支持农村基础设施建设。鼓励地方政府和社会资本设立农村基础设施建设投资基金。建立规范的地方政府举债融资机制，推动地方融资平台转型改制和市场化融资，重点向农村基础设施建设倾斜。允许地方政府发行一般债券支持农村道路建设，发行专项债券支持农村供水、污水垃圾处理设施建设，探索发行县级农村基础设施建设项目集合债。支持符合条件的企业发行企业债券，用于农村供电、电信设施建设。鼓励地方政府通过财政拨款、特许或委托经营等渠道筹措资金，设立不向社会征收的政府性农村基础设施维修养护基金。鼓励有条件的地区将农村基础设施与产业、园区、乡村旅游等进行捆绑，实行一体化开发和建设，实现相互促进、互利共赢。（国家发展改革委、财政部、人民银行、银监会、证监会等负责）

（七）建立政府和社会资本合作机制。支持各地通过政府和社会资本合作模式，引导社会资本投向农村基础设施领域。鼓励按照"公益性项目、市场化运作"理念，大力推进政府购买服务，创新农村基础设施建设和运营模式。支持地方政府将农村基础设施项目整体打包，提高收益能力，并建立运营补偿机制，保障社会资本获得合理投资回报。对农村基础设施项目在用电、用地等方面优先保障。（国家发展改革委、财政部、工业和信息化部、国土资源部、住房城乡建设部、水利部、农业部、国家林业局、国家能源局等负责）

（八）充分调动农民参与积极性。尊重农民主体地位，加强宣传教育，发挥其在农村基础设施决策、投入、建设、管护等方面作用。完善村民一事一议制度，合理确定筹资筹劳限额，加大财政奖补力度。鼓励农民和农村集体经济组织自主筹资筹劳开展村内基础设施建设。推行农村基础设施建设项目公示制度，发挥村民理事会、新型农业经营主体等监督作用。（农业部、水利部、国家林业局、民政部、住房城乡建设部等负责）

（九）加大金融支持力度。政策性银行和开发性金融机构要结合各自职能定位和业务范围，强化对农村基础设施建设的支持。鼓励商业银行加大农村基础设施信贷投放力度，改善农村金融服务。发挥农业银行面向三农、商业运作的优势，加大对农村基础设施的支持力度。支持银行业金融机构开展收费权、特许经营权等担保创新类贷款业务。完善涉农贷款财政奖励补助政策，支持收益较好、能够市场化运作的农村基础设施重点项目开展股权和债权融资。建立并规范发展融资担保、保险等多种形式的增信机制，提高各类投资建设主体的融资能力。加快推进农村信用体系建设。鼓励利用国际金融组织和外国政府贷款建设农村基础设施。（人民银行、银监会、证监会、保监会、国家发展改革委、财政部、农业发展银行、开发银行、农业银行等负责）

（十）强化国有企业社会责任。切实发挥输配电企业、基础电信运营企业的主体作用，加大对农村电网改造升级、电信设施建设的投入力度。鼓励其他领域的国有企业拓展农村基础设施建设业务，支持中央企业和地方国有企业通过帮扶援建等方式参与农村基础设施建设。（国务院国资委、国家发展改革委、财政部、工业和信息化部、国家能源局等负责）

（十一）引导社会各界积极援建。鼓励企业、社会组织、个人通过捐资捐物、结对帮扶、包村包项目等形式，支持农村基础设施建设和运行管护。引导国内外机构、基金会、社会团体和各界人士依托公益捐助平台，为农村基础设施建设筹资筹物。落实企业和个人公益性捐赠所得税税前扣除政策。进一步推进东西部扶贫协作，支持贫困地区农村基础设施建设。（民政部、财政部、税务总局、国家发展改革委、国务院扶贫办等负责）

三、完善建设管护机制，保障工程长期发挥效益

（十二）完善农村公路建设养护机制。将农村公路建设、养护、管理机构运行经费及人员基本支出纳入一般公共财政预算。

推广"建养一体化"模式，通过政府购买服务等方式，引入专业企业、社会资本建设和养护农村公路。鼓励采取出让公路冠名权、广告权、相关资源开发权等方式，筹资建设和养护农村公路。结合物价上涨、里程增加、等级提升等因素，合理确定农村公路养护资金补助标准。（交通运输部、财政部、国家发展改革委等负责）

（十三）加快农村供水设施产权制度改革。以政府投入为主兴建、规模较大的农村集中供水基础设施，由县级人民政府或其授权部门根据国家有关规定确定产权归属；以政府投入为主兴建、规模较小的农村供水基础设施，资产交由农村集体经济组织或农民用水合作组织所有；单户或联户农村供水基础设施，国家补助资金所形成的资产归受益农户所有；社会资本投资兴建的农村供水基础设施，所形成的资产归投资者所有，或依据投资者意愿确定产权归属。由产权所有者建立管护制度，落实管护责任。鼓励开展农村供水设施产权交易，通过拍卖、租赁、承包、股份合作、委托经营等方式将一定期限内的管护权、收益权划归社会投资者。推进国有供水企业股份制改造，引入第三方参与运行管理。（水利部、住房城乡建设部、国家发展改革委、财政部等负责）

（十四）理顺农村污水垃圾处理管理体制。探索建立农村污水垃圾处理统一管理体制，切实解决多头管理问题。鼓励实施城乡生活污水"统一规划、统一建设、统一运行、统一管理"集中处理与农村污水"分户、联户、村组"分散处理相结合的模式，推动农村垃圾分类和资源化利用，完善农村垃圾"户分类、村组收集、乡镇转运、市县处理"集中处置与"户分类、村组收集、乡镇（或村）就地处理"分散处置相结合的模式，推广建立村庄保洁制度。推进建立统一的农村人居环境建设管理信息化平台，促进相关资源统筹利用。（住房城乡建设部、环境保护部牵头负责）

（十五）积极推进农村电力管理体制改革。加快建立规范的现代电力企业制度，鼓励有条件的地区开展县级电网企业股份制改革试点。逐步向符合条件的市场主体放开增量配电网投资业务，赋予投资主体新增配电网的所有权和经营权。鼓励以混合所有制方式发展配电业务，通过公私合营模式引入社会资本参与农村电网改造升级及运营。支持社会资本投资建设清洁能源项目和分布式电源并网工程。（国家能源局、国家发展改革委牵头负责）

（十六）鼓励农村电信设施建设向民间资本开放。创新农村电信基础设施建设项目融资模式，支持民间资本以资本入股、业务代理、网络代维等多种形式与基础电信企业开展合作，参与农村电信基础设施建设。加快推进东中部发达地区农村宽带接入市场向民间资本开放试点工作，逐步深化试点，鼓励和引导民间资本开展农村宽带接入网络建设和业务运营。（工业和信息化部牵头负责）

（十七）改进项目管理和绩效评价方式。建立涵盖需求决策、投资管理、建设运营等全过程、多层次的农村基础设施建设项目综合评价体系。对具备条件的项目，通过公开招标、邀请招标、定向委托、竞争性谈判等多种方式选择专业化的第三方机构，参与项目前期论证、招投标、建设监理、效益评价等，建立绩效考核、监督激励和定期评价机制。（国家发展改革委、

财政部牵头负责）

四、健全定价机制，激发投资动力和活力

（十八）合理确定农村供水价格。在建立使用者付费制度、促进节约用水的基础上，完善农村供水水价形成机制。对城市周边已纳入城镇自来水供应范围的农户，实行统一的居民阶梯水价政策。对实行农村集中式供水的，按照补偿成本、合理盈利的原则确定水价，实行有偿服务、计量收费。地方政府和具备条件的农村集体经济组织可根据实际情况对运营单位进行合理补偿。通过加强水费征收和运行维护费用补偿等措施，保障工程正常运行及日常维护。（国家发展改革委、水利部牵头负责）

（十九）探索建立污水垃圾处理农户缴费制度。鼓励先行先试，在有条件的地区实行污水垃圾处理农户缴费制度，保障运营单位获得合理收益，综合考虑污染防治形势、经济社会承受能力、农村居民意愿等因素，合理确定缴费水平和标准，建立财政补贴与农户缴费合理分摊机制。完善农村污水垃圾处理费用调整机制，建立上下游价格调整联动机制，价格调整不到位时，地方政府和具备条件的村集体可根据实际情况对运营单位给予合理补偿。（住房城乡建设部、国家发展改革委、财政部等负责）

（二十）完善输配电价机制。按照"管住中间、放开两头"的原则，推进输配电价改革，严格成本审核和监管，完善分类定价、阶梯电价政策，落实好"两分钱"农网还贷资金政策，研究建立电力普遍服务补偿机制，支持农村地区发展。（国家发展改革委、国家能源局牵头负责）

（二十一）推进农村地区宽带网络提速降费。加快农村宽带网络建设，引导基础电信企业公平竞争。指导和推动基础电信企业简化资费结构，切实提高农村宽带上网等业务的性价比，为农村贫困户提供更加优惠的资费方案，为发展"互联网+"提供有力支撑。（工业和信息化部牵头负责）

五、保障措施

（二十二）强化规划引导作用。按照城乡一体化发展的要求，衔接协调各类规划，推进县域乡村建设规划编制，统筹农村道路、供水、污水垃圾处理、供电、电信等基础设施建设布局。推动城镇基础设施向农村延伸，鼓励将城市周边农村、规模较大的中心镇纳入城镇基础设施建设规划，实行统一规划、统一建设、统一管护。（住房城乡建设部牵头负责）

（二十三）完善相关法律法规。完善农村基础设施投融资相关法律法规，依法保护投资者合法权益，维护公平有序的市场投资环境。推动公路法、村庄和集镇规划建设管理条例等相关法律法规修订工作，为创新农村基础设施投融资体制机制创造条件。加快修订相关规定，适当放宽对农村小型基础设施投资项目管理"四制"要求。（交通运输部、住房城乡建设部、国家发展改革委、农业部、国务院法制办等负责）

（二十四）落实地方政府责任。地方各级人民政府要把农村基础设施建设管护摆上重要议事日程，统筹本辖区内国有林区、林场、垦区等基础设施建设，积极创新投融资体制机制。县级人民政府是农村基础设施建设管护的责任主体，要结合本地实际，制定实施意见，确保各项措施落到实处。（各省级人民政府负责）

（二十五）加强部门协作。国务院各有关部门要根据本意见，按照职责分工，密切协作配合，抓紧制定相关配套措施。国家发展改革委要会同有关部门对意见落实情况进行跟踪分析和定期评估，并向国务院报告。（国家发展改革委牵头负责）

国务院办公厅

2017 年 2 月 6 日

住房城乡建设部等部门关于改善
贫困村人居卫生条件的指导意见

建村〔2016〕159号

各省、自治区、直辖市住房城乡建设厅（建委、市政管委）、爱卫办、环境保护厅（局）、农业（农牧、农村经济）厅（局、委）、水利厅（水务局）、扶贫办，新疆生产建设兵团建设局（环保局）、爱卫办、农业局、水利局、扶贫办，中国农业发展银行各省、自治区、直辖市分行：

当前，建档立卡贫困村（以下简称贫困村）人居卫生条件十分落后，粪便暴露、人畜混居、饮水不洁、垃圾乱扔等问题非常严重，是贫困村村民致病致贫的重要原因之一。为贯彻落实《中共中央国务院关于打赢脱贫攻坚战的决定》（中发〔2015〕34号）精神，改善贫困村人居卫生条件，减少因人居卫生条件恶劣而致病致贫现象的发生，现提出以下意见：

一、工作思路、目标和标准

（一）总体思路。全面贯彻落实党中央、国务院关于脱贫攻坚和改善农村人居环境的决策部署，将改善贫困村人居卫生条件作为贫困地区改善农村人居环境的首要任务，集中人力物力财力解决威胁农民群众身体健康的人居环境突出问题，稳步提升贫困村人居环境水平。

（二）工作目标。到 2020 年底，所有贫困村达到人居卫生条件标准，基本消除人居卫生健康隐患，大幅度减少人居卫生条件恶劣导致的疾病发生率，促使农民群众养成文明健康的生活习惯。

（三）贫困村人居卫生条件标准。居民饮用水基本安全，户户实现人畜分居，卫生厕所普及率明显提高，人畜粪便暴露现象基本消除，农村生活垃圾得到全面治理，农户住房具有基本的通风、采光和保温功能并保障安全。

二、重点任务

（一）消除人畜粪便暴露。要通过政府支持、村集体补助、农民部分承担的方式，拆除、改造传统坑式厕所和连茅圈，加快推进卫生厕所改造。农村危房改造户应配套建设卫生厕所，村委会、学校、卫生室等公共设施要优先配建卫生公厕。严禁人畜粪便污水直接排入水体。畜禽养殖密集区域要实现粪污分户收集、集中处理。及时清理村内道路、公共空间等区域的畜禽粪便。规范粪便堆放点管理，远离水源和居住区堆放，沤熟后应及时使用，防止粪污乱流。

（二）推进人畜分居。要加强宣传教育，引导农民群众形成科学的畜禽养殖观念，普遍知晓人畜共患病的预防知识，避免居住与养殖同室混杂。人畜同室混居农房要采取通风、空间隔离等措施实施改造。新建农房和农村危房改造户要实现畜禽圈舍与厨卧等居住空间分隔。

（三）改善农村饮用水条件。要深入实施贫困村农村饮水安全巩固提升工程，以设施改造配套为主，以新建、扩建为辅，进一步提高贫困村集中供水率、自来水普及率、供水保证率和水质达标率。分类开展贫困地区水源保护区或保护范围划定，加强饮用水水源规范化建设。推进现有城镇饮用水水质检测服务向农村延伸，定期开展贫困村饮用水水质卫生监测。

（四）治理农村垃圾。建立基本的村庄保洁制度，保证垃圾有人收、有人管。推行垃圾就地分类减量。逐步取缔敞开式收集、转运设施，提高村庄垃圾集中收集点和转运设施的卫生水平。有条件的地区应将垃圾转运至城镇处理设施进行处理，村内处理时要避免产生二次污染，禁止露天焚烧垃圾。到2017年底前全面完成陈年垃圾清理工作。大力开展城乡环境卫生整洁行动，及时清理蚊蝇鼠蟑孳生场所，经常性组织开展"除四害"活动。

（五）提升基本居住健康条件。加大贫困村农村危房改造力度，实现户户住上安全房。加强对新建和改造农房的技术指导，引导贫困村农民群众建设具有基本的通风、采光和保温功能的安全住房。南方地区农房宜采用坡屋顶、大进深和增加开窗比等方式，解决阴暗、潮湿等问题；严寒和寒冷地区农房宜在出入口、门窗、外立面设置保温措施，形成被动式阳光房，达到基本的保温效果。

三、组织实施

（一）明确责任分工。住房城乡建设部负责牵头改善贫困村人居卫生条件工作，加强督促指导和工作检查，具体负责农村生活垃圾清扫、收集、运输和处置的监督管理以及农村危房改造。全国爱卫办负责组织实施全国城乡环境卫生整洁行动，指导各地开展贫困村爱国卫生运动和改厕工作。环境保护部负责组织实施农村环境综合整治，对贫困村农村生活垃圾治理予以重点支持。农业部负责组织实施农业生产废弃物资源化利用。水利部负责指导农村饮水安全巩固提升工程。国务院扶贫办负责建档立卡贫困户因病致贫、因病返贫的统计和分析工作。农业发展银行负责研究制定政策性金融支持方案和专项信贷产品。各级住房城乡建设、爱卫办、环境保护、农业、水利、扶贫等部门和农业发展银行要将改善贫困村人居卫生条件作为本部门扶贫工作的重点，制定支持措施，开展日常检查和宣传动员。

（二）加大支持力度。改善人居卫生条件涉及的农村危房改造、农村饮水安全、农村节能减排等中央资金向贫困地区倾斜。各地要按照《国务院办公厅关于支持贫困县开展统筹整合使用财政涉农资金试点的意见》（国办发〔2016〕22号）要求，根据本地实际，加大投入，支持人居卫生条件恶劣地区开展改善工作。农业发展银行优先支持纳入改善农村人居环境政策性贷款范围的项目，提供低成本的中长期信贷资金。

（三）加强宣传教育。开展贫困村人居卫生健康教育全覆盖行动，通过进村入户宣传，提高农民群众对人居卫生条件的认识，培养健康文明的生活习惯。总结贫困村改善人居卫生条件的优秀实践，开展专题培训。

（四）开展检查和评估。县级住房城乡建设、扶贫部门要将所有贫困村农村人居环境信息录入全国农村人居环境普查信息系统和全国扶贫开发信息系统。住房城乡建设部等部门结合农村人居环境普查及其他相关部门的数据，开展工作检查和评估，每年通报各省（区、市）工作进度，对工作突出的进行表扬，并在创建改善农村人居环境示范村上给予奖励。

中华人民共和国住房和城乡建设部

全国爱国卫生运动委员会办公室

中华人民共和国环境保护部

中华人民共和国农业部

中华人民共和国水利部

国务院扶贫开发领导小组办公室

中国农业发展银行

2016 年 7 月 23 日

农村人居环境整治三年行动方案

（新华社北京 2018 年 2 月 5 日电）

近日，中共中央办公厅、国务院办公厅印发了《农村人居环境整治三年行动方案》，并发出通知，要求各地区各部门结合实际认真贯彻落实。

《农村人居环境整治三年行动方案》全文如下。

改善农村人居环境，建设美丽宜居乡村，是实施乡村振兴战略的一项重要任务，事关全面建成小康社会，事关广大农民根本福祉，事关农村社会文明和谐。近年来，各地区各部门认真贯彻党中央、国务院决策部署，把改善农村人居环境作为社会主义新农村建设的重要内容，大力推进农村基础设施建设和城乡基本公共服务均等化，农村人居环境建设取得显著成效。同时，我国农村人居环境状况很不平衡，脏乱差问题在一些地区还比较突出，与全面建成小康社会要求和农民群众期盼还有较大差距，仍然是经济社会发展的突出短板。为加快推进农村人居环境整治，进一步提升农村人居环境水平，制定本方案。

一、总体要求

（一）指导思想。全面贯彻党的十九大精神，以习近平新时代中国特色社会主义思想为指导，紧紧围绕统筹推进"五位一体"总体布局和协调推进"四个全面"战略布局，牢固树立和贯彻落实新发展理念，实施乡村振兴战略，坚持农业农村优先发展，坚持绿水青山就是金山银山，顺应广大农民过上美好生活的期待，统筹城乡发展，统筹生产生活生态，以建设美丽宜居村庄为导向，以农村垃圾、污水治理和村容村貌提升为主攻方向，动员各方力量，整合各种资源，强化各项举措，加快补齐农村人居环境突出短板，为如期实现全面建成小康社会目标打下坚实基础。

（二）基本原则

——因地制宜、分类指导。根据地理、民俗、经济水平和农民期盼，科学确定本地区整治目标任务，既尽力而为又量力而行，集中力量解决突出问题，做到干净整洁有序。有条件的地区可进一步提升人居环境质量，条件不具备的地区可按照实施乡村振兴战略的总体部署持续推进，不搞一刀切。确定实施易地搬迁的村庄、拟调整的空心村等可不列入整治范围。

——示范先行、有序推进。学习借鉴浙江等先行地区经验，坚持先易后难、先点后面，通过试点示范不断探索、不断积累经验，带动整体提升。加强规划引导，合理安排整治任务和建设时序，采用适合本地实际的工作路径和技术模式，防止一哄而上和生搬硬套，杜绝形象工程、政绩工程。

——注重保护、留住乡愁。统筹兼顾农村田园风貌保护和环境整治，注重乡土味道，强化地域文化元素符号，综合提升田水路林村风貌，慎砍树、禁挖山、不填湖、少拆房，保护乡情美景，促进人与自然和谐共生、村庄形态与自然环境相得益彰。

——村民主体、激发动力。尊重村民意愿，根据村民需求合理确定整治优先序和标准。建立政府、村集体、村民等各方共谋、共建、共管、共评、共享机制，动员村民投身美丽家园建设，保障村民决策权、参与权、监督权。发挥村规民约作用，强化村民环境卫生意识，提升村民参与人居环境整治的自觉性、积极性、主动性。

——建管并重、长效运行。坚持先建机制、后建工程，合理确定投融资模式和运行管护方式，推进投融资体制机制和建设管护机制创新，探索规模化、专业化、社会化运营机制，确保各类设施建成并长期稳定运行。

——落实责任、形成合力。强化地方党委和政府责任，明确省负总责、县抓落实，切实加强统筹协调，加大地方投入力度，强化监督考核激励，建立上下联动、部门协作、高效有力的工作推进机制。

（三）行动目标。到 2020 年，实现农村人居环境明显改善，村庄环境基本干净整洁有序，村民环境与健康意识普遍增强。

东部地区、中西部城市近郊区等有基础、有条件的地区，人居环境质量全面提升，基本实现农村生活垃圾处置体系全覆盖，基本完成农村户用厕所无害化改造，厕所粪污基本得到处理或资源化利用，农村生活污水治理率明显提高，村容村貌显著提升，管护长效机制初步建立。

中西部有较好基础、基本具备条件的地区，人居环境质量较大提升，力争实现 90% 左右的村庄生活垃圾得到治理，卫生厕所普及率达到 85% 左右，生活污水乱排乱放得到管控，村内道路通行条件明显改善。

地处偏远、经济欠发达等地区，在优先保障农民基本生活条件基础上，实现人居环境干净整洁的基本要求。

二、重点任务

（一）推进农村生活垃圾治理。统筹考虑生活垃圾和农业生产废弃物利用、处理，建立健全符合农村实际、方式多样的生活垃圾收运处置体系。有条件的地区要推行适合农村特点的垃圾就地分类和资源化利用方式。开展非正规垃圾堆放点排查整治，重点整治垃圾山、垃圾围村、垃圾围坝、工业污染"上山下乡"。

（二）开展厕所粪污治理。合理选择改厕模式，推进厕所革命。东部地区、中西部城市近郊区以及其他环境容量较小地区村庄，加快推进户用卫生厕所建设和改造，同步实施厕所粪污治理。其他地区要按照群众接受、经济适用、维护方便、不污染公共水体的要求，普及不同水平的卫生厕所。引导农村新建住房配套建设无害化卫生厕所，人口规模较大村庄配套建设公共厕所。加强改厕与农村生活污水治理的有效衔接。鼓励各地结合实际，将厕所粪污、畜禽养殖废弃物一并处理并资源化利用。

（三）梯次推进农村生活污水治理。根据农村不同区位条件、村庄人口聚集程度、污水产生规模，因地制宜采用污染治理与资源利用相结合、工程措施与生态措施相结合、集中与分散相结合的建设模式和处理工艺。推动城镇污水管网向周边村庄延伸覆盖。积极推广低成本、低能耗、易维护、高效率的污水处理技术，鼓励采用生态处理工艺。加强生活污水源头减量和尾水回收利用。以房前屋后河塘沟渠为重点实施清淤疏浚，采取综合措施恢复水生态，逐步消除农村黑臭水体。将农村水环境治理纳入河长制、湖长制管理。

（四）提升村容村貌。加快推进通村组道路、入户道路建设，基本解决村内道路泥泞、村民出行不便等问题。充分利用本地资源，因地制宜选择路面材料。整治公共空间和庭院环境，消除私搭乱建、乱堆乱放。大力提升农村建筑风貌，突出乡土特色和地域民族特点。加大传统村落民居和历史文化名村名镇保护力度，弘扬传统农耕文化，提升田园风光品质。推进村庄绿化，充分利用闲置土地组织开展植树造林、湿地恢复等活动，建设绿色生态村庄。完善村庄公共照明设施。深入开展城乡环境卫生整洁行动，推进卫生县城、卫生乡镇等卫生创建工作。

（五）加强村庄规划管理。全面完成县域乡村建设规划编制或修编，与县乡土地利用总体规划、土地整治规划、村土地利用规划、农村社区建设规划等充分衔接，鼓励推行多规合一。推进实用性村庄规划编制实施，做到农房建设有规划管理、行政村有村庄整治安排、生产生活空间合理分离，优化村庄功能布局，实现村庄规划管理基本覆盖。推行政府组织领导、村委会发挥主体作用、技术单位指导的村庄规划编制机制。村庄规划的主要内容应纳入村规民约。加强乡村建设规划许可管理，建立健全违法用地和建设查处机制。

（六）完善建设和管护机制。明确地方党委和政府以及有关部门、运行管理单位责任，基本建立有制度、有标准、有队伍、有经费、有督查的村庄人居环境管护长效机制。鼓励专业化、市场化建设和运行管护，有条件的地区推行城乡垃圾污水处理统一规划、统一建设、统一运行、统一管理。推行环境治理依效付费制度，健全服务绩效评价考核机制。鼓励有条件的地区探索建立垃圾污水处理农户付费制度，完善财政补贴和农户付费合理分担机制。支持村级组织和农村"工匠"带头人等承接村内环境整治、村内道路、植树造林等小型涉农工程项目。组织开展专业化培训，把当地村民培养成为村内公益性基础设施运行维护的重要力量。简化农村人居环境整治建设项目审批和招投标程序，降低建设成本，确保工程质量。

三、发挥村民主体作用

（一）发挥基层组织作用。发挥好基层党组织核心作用，强化党员意识、标杆意识，带领农民群众推进移风易俗、改进生活方式、提高生活质量。健全村民自治机制，充分运用"一事一议"民主决策机制，完善农村人居环境整治项目公示制度，保障村民权益。鼓励农村集体经济组织通过依法盘活集体经营性建设用地、空闲农房及宅基地等途径，多渠道筹措资金用于农村人居环境整治，营造清洁有序、健康宜居的生产生活环境。

（二）建立完善村规民约。将农村环境卫生、古树名木保护等要求纳入村规民约，通过群众评议等方式褒扬乡村新风，鼓励成立农村环保合作社，深化农民自我教育、自我管理。明确农民维护公共环境责任，庭院内部、房前屋后环境整治由农户自己负责；村内公共空间整治以村民自治组织或村集体经济组织为主，主要由农民投工投劳解决，鼓励农民和村集体经济组织全程参与农村环境整治规划、建设、运营、管理。

（三）提高农村文明健康意识。把培育文明健康生活方式作为培育和践行社会主义核心价值观、开展农村精神文明建设的重要内容。发挥爱国卫生运动委员会等组织作用，鼓励群众讲卫生、树新风、除陋习，摒弃乱扔、乱吐、乱贴等不文明行为。提高群众文明卫生意识，营造和谐、文明的社会新风尚，使优美的生活环境、文明的生活方式成为农民内在自觉要求。

四、强化政策支持

（一）加大政府投入。建立地方为主、中央补助的政府投入体系。地方各级政府要统筹整合相关渠道资金，加大投入力度，合理保障农村人居环境基础设施建设和运行资金。中央财政要加大投入力度。支持地方政府依法合规发行政府债券筹集资金，用于农村人居环境整治。城乡建设用地增减挂钩所获土地增值收益，按相关规定用于支持农业农村发展和改善农民生活条件。村庄整治增加耕地获得的占补平衡指标收益，通过支出预算统筹安排支持当地农村人居环境整治。创新政府支持方式，采取以奖代补、先建后补、以工代赈等多种方式，充分发挥政府投资撬动作用，提高资金使用效率。

（二）加大金融支持力度。通过发放抵押补充贷款等方式，引导国家开发银行、中国农业发展银行等金融机构依法合规提供信贷支持。鼓励中国农业银行、中国邮政储蓄银行等商业银行扩大贷款投放，支持农村人居环境整治。支持收益较好、实行市场化运作的农村基础设施重点项目开展股权和债权融资。积极利用国际金融组织和外国政府贷款建设农村人居环境设施。

（三）调动社会力量积极参与。鼓励各类企业积极参与农村人居环境整治项目。规范推广政府和社会资本合作（PPP）模式，通过特许经营等方式吸引社会资本参与农村垃圾污水处理项目。引导有条件的地区将农村环境基础设施建设与特色产业、休闲农业、乡村旅游等有机结合，实现农村产业融合发展与人居环境改善互促互进。引导相关部门、社会组织、个人通过捐资捐物、结对帮扶等形式，支持农村人居环境设施建设和运行管护。倡导新乡贤文化，以乡情乡愁为纽带吸引和凝聚各方人士支持农村人居环境整治。

（四）强化技术和人才支撑。组织高等学校、科研单位、企业开展农村人居环境整治关键技术、工艺和装备研发。分类分级制定农村生活垃圾污水处理设施建设和运行维护技术指南，编制村容村貌提升技术导则，开展典型设计，优化技术方案。加强农村人居环境项目建设和运行管理人员技术培训，加快培养乡村规划设计、项目建设运行等方面的技术和管理人才。选派规划设计等专业技术人员驻村指导，组织开展企业与县、乡、村对接农村环保实用技术和装备需求。

五、扎实有序推进

（一）编制实施方案。各省（自治区、直辖市）要在摸清底数、总结经验的基础上，抓紧编制或修订省级农村人居环境整治实施方案。省级实施方案要明确本地区目标任务、责任部门、资金筹措方案、农民群众参与机制、考核验收标准和办法等内容。特别是要对照本行动方案提出的目标和六大重点任务，以县（市、区、旗）为单位，从实际出发，对具体目标和重点任务作出规划。扎实开展整治行动前期准备，做好引导群众、建立机制、筹措资金等工作。各省（自治区、直辖市）原则上要在2018年3月底前完成实施方案编制或修订工作，并报住房城乡建设部、环境保护部、国家发展改革委备核。中央有关部门要加强对实施方案编制工作的指导，并将实施方案中的工作目标、建设任务、体制机制创新等作为督导评估和安排中央投资的重要依据。

（二）开展典型示范。各地区要借鉴浙江"千村示范万村整治"等经验做法，结合本地实践深入开展试点示范，总结并提炼出一系列符合当地实际的环境整治技术、方法，以及能复制、易推广的建设和运行管护机制。中央有关部门要切实加强工作指导，引导各地建设改善农村人居环境示范村，建成一批农村生活垃圾分类和资源化利用示范县（市、区、旗）、农村生活污水治理示范县（市、区、旗），加强经验总结交流，推动整体提升。

（三）稳步推进整治任务。根据典型示范地区整治进展情况，集中推广成熟做法、技术路线和建管模式。中央有关部门要适时开展检查、评估和督导，确保整治工作健康有序推进。在方法技术可行、体制机制完善的基础上，有条件的地区可根据财力和工作实际，扩展治理领域，加快整治进度，提升治理水平。

六、保障措施

（一）加强组织领导。完善中央部署、省负总责、县抓落实的工作推进机制。中央有关部门要根据本方案要求，出台配套支持政策，密切协作配合，形成工作合力。省级党委和政府对本地区农村人居环境整治工作负总责，要明确牵头责任部门、实施主体，提供组织和政策保障，做好监督考核。要强化县级党委和政府主体责任，做好项目落地、资金使用、推进实施等工作，对实施效果负责。市地级党委和政府要做好上下衔接、域内协调和督促检查等工作。乡镇党委和政府要做好具体组织实施工作。各地在推进易地扶贫搬迁、农村危房改造等相关项目时，要将农村人居环境整治统筹考虑、同步推进。

（二）加强考核验收督导。各省（自治区、直辖市）要以本地区实施方案为依据，制定考核验收标准和办法，以县为单位进行检查验收。将农村人居环境整治工作纳入本省（自治区、直辖市）政府目标责任考核范围，作为相关市县干部政绩考核的重要内容。住房城乡建设部要会同有关部门，根据省级实施方案及明确的目标任务，定期组织督导评估，评估结果向党中央、国务院报告，通报省级政府，并以适当形式向社会公布。将农村人居环境作为中央环保督察的重要内容。强化激励机制，评估督察结果要与中央支持政策直接挂钩。

（三）健全治理标准和法治保障。健全农村生活垃圾污水治理技术、施工建设、运行维护等标准规范。各地区要区分排水方式、排放去向等，分类制定农村生活污水治理排放标准。研究推进农村人居环境建设立法工作，明确农村人居环境改善基本要求、政府责任和村民义务。鼓励各地区结合实际，制定农村垃圾治理条例、乡村清洁条例等地方性法规规章和规范性文件。

（四）营造良好氛围。组织开展农村美丽庭院评选、环境卫生光荣榜等活动，增强农民保护人居环境的荣誉感。充分利用报刊、广播、电视等新闻媒体和网络新媒体，广泛宣传推广各地好典型、好经验、好做法，努力营造全社会关心支持农村人居环境整治的良好氛围。

关于加强乡镇政府服务能力建设的意见

（新华社北京 2017 年 2 月 20 日电）

近日，中共中央办公厅、国务院办公厅印发了《关于加强乡镇政府服务能力建设的意见》，并发出通知，要求各地区各部门结合实际认真贯彻落实。

《关于加强乡镇政府服务能力建设的意见》全文如下。

为加快乡镇政府职能转变，强化服务功能，健全服务机制，创新服务手段，增强服务意识，提升服务效能，进一步推进乡镇治理体系和治理能力现代化，现就加强乡镇政府服务能力建设提出如下意见。

一、总体要求

（一）指导思想。全面贯彻党的十八大和十八届三中、四中、五中、六中全会精神，坚持以邓小平理论、"三个代表"重要思想、科学发展观为指导，深入贯彻习近平总书记系列重要讲话精神和治国理政新理念新思想新战略，紧紧围绕统筹推进"五位一体"总体布局和协调推进"四个全面"战略布局，主动适应经济社会发展新要求和人民群众新期待，准确把握实现基本公共服务均等化的发展方向，以增强乡镇干部宗旨意识为关键，以强化乡镇政府服务功能为重点，以优化服务资源配置为手段，以创新服务供给方式为途径，有效提升乡镇政府服务水平，切实增强人民群众的获得感和幸福感，为脱贫攻坚目标的实现创造良好条件，为实现"两个一百年"奋斗目标、实现中华民族伟大复兴的中国梦作出新贡献。

（二）基本原则

——坚持党的领导，保证正确方向。坚持党管农村工作，牢牢把握中国特色社会主义方向，始终把党的领导作为加强乡镇政府服务能力建设的根本保证，充分发挥乡镇党委领导核心作用，夯实党在基层的执政基础，确保党中央、国务院决策部署得到全面贯彻落实。

——坚持改革创新，严格依法行政。加强顶层设计，鼓励地方探索，着力破除体制机制障碍，坚持以法治思维推动乡镇政府服务能力建设，保证行政权力规范透明运行，人民权益切实有效保障。

——坚持以人为本，回应民生诉求。坚持以人民为中心的发展思想，将实现好、维护好、发展好最广大人民群众根本利益作为一切工作的出发点和落脚点，以人民群众需求为导向，为人民群众提供精准有效服务，让人民群众共享改革发展成果。

——坚持统筹兼顾，实施分类指导。围绕促进社会主义新农村建设和新型城镇化建设协调推进，综合考虑各地经济社会发展状况和区域特点，找准工作的结合点和着力点，做到长远目标与阶段性目标相结合，因地制宜、稳妥有序推进乡镇政府服务能力建设，不搞"一刀切"。

（三）主要目标。到 2020 年，乡镇政府服务能力全面提升，服务内容更加丰富，服务方式更加便捷，服务体系更加完善，基本形成职能科学、运转有序、保障有力、服务高效、人民满意的乡镇政府服务管理体制机制。

二、强化乡镇政府服务功能

（四）加强乡镇政府公共服务职能。加快乡镇政府职能转变步伐，着力强化公共服务职能。乡镇政府主要提供以下基本公共服务：巩固提高义务教育质量和水平，改善乡村教学环境，保障校园和师生安全，做好控辍保学和家庭经济困难学生教育帮扶等基本公共教育服务；推动以新型职业农民为主体的农村实用人才队伍建设，加强社区教育、职业技能培训、就业指导、创业扶持等劳动就业服务；做好基本养老保险、基本医疗保险、工伤、失业和生育保险等社会保险服务；落实社会救助、社会福利制度和优抚安置政策，为保障对象提供基本养老服务、残疾人基本公共服务，维护农民工、困境儿童等特殊人群和困难群体权益等基本社会服务；做好公共卫生、基本医疗、计划生育等基本医疗卫生服务；践行社会主义核心价值观，继承和弘扬中华优秀传统文化，加强对古村落、古树名木和历史文化村镇的保护和发展，健全公共文化设施网络，推动全民阅读、数字广播电视户户通、文化信息资源共享，组织开展群众文体活动等公共文化体育服务。乡镇政府还要提供符合当地实际和人民群众需求的农业农村经济发展、农民基本经济权益保护、环境卫生、环境保护、生态建设、食品安全、社会治安、矛盾纠纷化解、扶贫济困、未成年人保护、消防安全、农村危房改造、国防动员等其他公共服务。县级政府要制定乡镇政府公共服务事项目录清单，特别是要把扶贫开发、扶贫济困等任务列入清单，明确服务对象和要求。

（五）扩大乡镇政府服务管理权限。按照权力下放、权责一致的原则，除法律法规规定必须由县级以上政府及其职能部门行使的行政强制和行政处罚措施，以及行政许可事项外，对直接面向人民群众、量大面广、由乡镇服务管理更方便有效的各类事项依法下放乡镇政府，重点扩大乡镇政府在农业发展、农村经营管理、安全生产、规划建设管理、环境保护、公共安全、防灾减灾、扶贫济困等方面的服务管理权限。强化乡镇政府对涉及本区域内人民群众利益的重大决策、重大项目和公共服务设施布局的参与权和建议权。县级职能部门不得随意将工作任务转嫁给乡镇政府。省级政府要依法制定扩大乡镇政府服务管理权限的具体办法，明确下放事项、下放程序和法律依据，确定下放后的运行程序、规则和权责关系，确保下放权力接得住、用得好。

（六）推进乡镇行政执法改革。推动行政执法重心下移，探索乡镇综合执法有效形式，开展综合执法工作。落实行政执法责任制，建立健全乡镇政府与县级执法部门的协作机制，强化乡镇政府在执法事项上的综合协调，以及对派驻执法机构和人员的日常管理。

（七）统筹乡镇站所管理体制改革。乡镇事业站所可以实行以乡镇管理为主、上级业务部门进行业务指导的管理体制；经省级政府批准，也可以实行以上级主管部门为主或按区域设置机构的体制。按照精简统一效能的要求，统筹乡镇党政机构设置。根据不同类型、不同规模乡镇工作实际，确定党政机构设置形式和数额，可设立若干办公室，也可只设若干综合性岗位。扎实推进乡镇事业站所分类改革，严格控制乡镇事业站所数量。加强农村经营管理体系建设，夯实基层农村经营管理工作基础，确保责任和人员落到实处。除机构编制专项法律法规外，上级业务部门不得以机构上下对口等手段要求增加乡镇站所设置和人力资源配置。

三、优化乡镇基本公共服务资源配置

（八）推进城乡基本公共服务规划一体化。按照区域覆盖、制度统筹、标准统一的要求，打破城乡界限，加快城乡公共服务一体化发展进程。以服务半径、服务人口、资源承载为基本依据，结合城镇化和人口老龄化发展趋势，统筹基本公共服务设施的空间布局，实现基本公共服务全覆盖。加强中心镇、重点镇和特色小城镇的公共服务和基础设施的建设规划，促进服务资源高效配置和有效辐射。对人口减载区域、困难偏远地区，要合理保留和科学完善基本公共服务设施。完善流动人口基本公共服务制度，推动基本公共服务由户籍人口向常住人口拓展，保障符合条件的外来人口与本地居民平等享有基本公共服务。推进公共服务设施和基础设施无障碍建设和改造，为全社会成员参与社会生活、获得基本公共服务创造更好条件。推进乡镇现有公共服务资源的优化整合，推动城市优质公共服务资源向农村延伸。地方各级政府要积极推进基本公共服务均等化。省级政府要制定本地基本公共服务标准体系，强化标准体系的引导约束机制。

（九）改进乡镇基本公共服务投入机制。县级以上地方各级政府要支持乡镇基础设施建设、公共服务项目和社会事业发展，引导信贷资金投向农村和小城镇。对县级以上政府及其部门安排的基础设施建设和其他建设项目，属于县级以上政府事权的，应足额安排资金，不得要求乡镇安排项目配套资金。对承担超出乡镇辖区范围提供服务的重大基础设施、社会事业项目，县级财政要加大投入力度，并提倡和鼓励乡镇间的共建共享。

（十）完善乡镇财政管理体制。合理划分县乡财政事权和支出责任，建立财政事权和支出责任相适应的制度。结合乡镇经济发展水平、税源基础、财政收支等因素，实行差别化的乡镇财政管理体制。县级政府要强化统筹所辖乡镇协调发展责任，帮助弥补乡镇财力缺口。硬化乡镇预算约束，强化预算执行，规范经费支出，严格监督管理，严禁乡镇举债，防范和化解债务风险，保持财政收支平衡。加强和规范乡镇财政国库集中支付制度改革，推进乡镇国库集中支付全覆盖。

四、创新乡镇公共服务供给方式

（十一）建立公共服务多元供给机制。完善群团组织承接乡镇政府职能的有关办法，将适合群团组织承担的乡镇服务管理职能依法转由群团组织行使。厘清乡镇政府和村（居）民委员会、农村集体经济组织的权责边界。完善村级组织运转经费保障机制。积极健全城乡社区治理机制，完善社区服务体系，充分发挥社会工作专业人才在乡镇公共服务提供中的作用。推动乡镇政府加强政策辅导、注册和办公场所协助、项目运作、人才培训等工作，支持社会组织发展。鼓励发展专业合作、股份合作等多种形式的农民合作组织，扶持社会力量兴办为民服务的公益性机构和经济实体。依法建立健全公开透明的社会捐赠管理制度，鼓励和支持社会力量通过捐赠或捐助等方式参与乡镇公益事业发展。加强乡镇政府对各类服务提供主体的统筹协调和有效监管。

（十二）加大政府购买服务力度。加强乡镇政府购买服务公共平台建设，对适宜采取市场方式提供、社会力量能够承担的公共服务项目，应尽可能交由社会力量承担，由花钱养人向花钱办事转变。县级政府要制定乡镇政府购买服务指导性目录，编制乡镇年度购买服务计划，明确购买服务的种类、性质和内容，完善购买服务招投标、预算管理和绩效评估机制。积极探索政府购买服务的有效方式。鼓励和引导具备法人资格的农村集体经济组织、农民专业合作组织、社会组织、公益性服务机构，以及其他经济组织和个体工商户等承接政府购买服务项目。

（十三）提高公共服务信息化水平。依托统一的政府公共服务平台，推动县乡（镇）之间、县级职能部门之间信息共享、互联互通和业务协同，构建面向公众的一体化在线公共服务体系，并为贫困乡镇建立线上线下互动的信息化综合服务点，推动医疗、教育、就业、社会救助、社会保险等政策落地。以统一的数据共享交换系统为支撑，采取"乡镇前台综合受理，县乡（镇）后台分类办理，乡镇统一窗口出件"的服务流程，逐步实现县乡（镇）政务服务事项的一窗口办理、一站式服务、一平台共享、全县域通办和全流程效能监督。扩大政务服务事项网上受理、办理的数量和种类，简化办理程序，清理不必要的证明和手续，加强政务服务网络无障碍建设，提高群众办事便捷程度。推广数字智能终端、移动终端等新型载体，灵活运用宽带互联网、移动互联网、广播电视网、物联网等手段，推动乡镇公共服务向智慧化、网络化方向发展。

（十四）健全公共服务需求表达和反馈机制。着力完善科学有效的群众权益保障机制，健全公共服务需求表达和评价机制，强化群众对公共服务供给决策及运营的知情权、参与权和监督权，充分发挥各类社会组织在公共服务需求表达和监督评价方面的作用。落实乡镇领导干部接访下访制度，建立乡镇干部联系服务群众常态化、全覆盖的有效办法，及时就地解决群众合理合法诉求。健全乡镇党委领导的民主协商机制，推行人民建议征集制度、重大事项听证制度、重要会议旁听制度，建立健全人大代表、政协委员反映情况和建议的"直通车"制度。全面推进乡镇政务公开制度，完善乡镇政务公开和村务公开联动机制，对群众关心和涉及群众切身利益的重要事项应做到随时公开。充分发挥互联网站、微博微信、移动客户端等新媒体作用，及时发布乡镇政府信息。积极应用大数据、云计算等先进理念、技术和资源，及时了解公共服务需求，动态掌握实施效果。

五、加强组织保障

（十五）切实发挥乡镇党委的领导核心作用。乡镇党委是乡镇各种组织和各项工作的领导核心，是农村基层组织建设的龙头。要坚定正确政治方向，强化政治引领功能，保证党的路线方针政策得到坚决贯彻落实，始终推动各项改革、各项工作围绕巩固党的执政基础来加强。加强对乡镇政府的领导，支持乡镇政府依法行使职权，扎实开展服务能力建设，提高服务经济社会发展和服务人民群众的水平。严格落实党建责任，加强党委自身的思想、制度、作风、廉政建设，加大抓村力度，严肃党组织生活，严格党员教育管理，切实把农村基层党组织建设成为落实党的政策、带领农民致富、密切联系群众、维护农村稳定的坚强领导核心。

（十六）加强乡镇干部队伍建设。认真抓好中共中央办公厅印发的《关于加强乡镇干部队伍建设的若干意见》的贯彻落实，建立健全符合乡镇工作特点的干部管理制度，形成引得进、留得住、用得好的良性机制。坚持德才兼备、以德为先的用人标准，选优配强乡镇领导班子，特别要加强贫困乡镇的领导班子建设。建立健全有利于各类人才向乡镇流动的政策支持体系，有计划地选派县级以上机关有发展潜力的年轻干部到乡镇任职、挂职，加大从优秀村干部中招录乡镇公务员和事业编制人员力度，有序推进乡镇之间、乡镇与县级机关之间干部交流。完善乡镇事业编制人员岗位聘用、职级晋升和职称评定方面的倾斜政策。注重从乡镇事业编制人员、优秀村干部、大学生村官中选拔乡镇领导干部。实行县以下机关公务员职务与职级并行制度，落实乡镇工作补贴和艰苦边远地区津贴政策。将乡镇干部教育培训工作纳入市、县干部教育培训总体规划，建立乡镇干部轮训制度。加强乡镇干部作风建设，牢固树立以人为本、执政为民理念，增强乡镇干部热爱基层、坚守基层、奉献基层的事业心和责任感。完善乡镇干部职务行为规范，推行乡镇干部岗位责任制、服务承诺制、业绩评议制、失职追究制，重视乡镇干部依法行政能力的培养。建立健全容错机制，落实激励保障，充分激发乡镇干部干事创业活力。坚持从严管理，严格执行工作、考勤、病事假等制度，督促乡镇干部在岗在位，安心用心，扎实工作，奋发有为。

（十七）改进乡镇政府服务绩效评价奖惩机制。以乡镇政府职责为依据，结合不同乡镇实际，建立科学化、差别化的乡镇政府服务绩效考核评价体系。坚持绩效指标设定和目标管理相结合，推行一次性综合考核，探索乡镇政府实绩"公开、公示、公议"等做法，建立健全县级职能部门和乡镇政府之间履职双向考核评议制度，完善社会满意度评价及第三方考评办法，加大群众满意度在考核评价中的权重。坚持把考评结果作为乡镇领导班子建设和干部选拔任用、评优评先、培养教育、管理监督、激励约束的重要参考，引导乡镇干部改进作风，牢固树立群众观念，增进群众感情，做群众的贴心人。对工作实绩差、群众满意度低的乡镇领导班子和干部，要按照有关规定及时约谈、责令整改、通报批评、严肃问责。统筹规范针对乡镇的评比表彰、示范创建等活动，未经省级党委和政府批准，不得对乡镇设置"一票否决"事项。

（十八）强化乡镇政府监督管理。省级政府结合实际研究确定乡镇政府推行权力清单和责任清单工作，推进乡镇政府依法全面履行职责。建立健全乡镇议事规则和决策程序，完善乡镇政府重大决策出台前向本级人大报告制度和向社会公示制度。健全乡镇行政权力运行制约和监督体系，加强县级政府对乡镇政府经常性指导和监督，发挥乡镇人大依法监督职能和人大代表的主体作用，充分发挥人民团体、社会组织、村（居）民委员会和舆论监督作用，强化监察、审计等专门监督。健全行政问责制度，明确问责事项和范围，规范问责程序，加大责任追究力度。

各省（自治区、直辖市）要结合实际，科学谋划乡镇政府服务能力建设的总体安排和推进步骤，及时制定实施方案，抓好贯彻落实。中央和国家机关有关部门要按照职责分工，强化部门协作，加强工作指导、政策支持和督促检查。民政部等相关部门要对本意见贯彻落实情况进行跟踪检查和综合评估，并及时向党中央、国务院报告工作进展情况。

住房城乡建设部关于开展绿色村庄
创建工作的指导意见

建村〔2016〕55号

各省、自治区住房城乡建设厅，直辖市建委，北京市农委、北京市园林绿化局，上海市绿化和市容管理局，天津市市容和园林管理委员会，重庆市园林事业管理局，新疆生产建设兵团建设局：

为贯彻落实《国务院办公厅关于改善农村人居环境的指导意见》（国办发〔2014〕25号）和第二次全国改善农村人居环境工作会议精神，提高村庄绿化水平，现就绿色村庄创建工作提出如下意见：

一、工作思路和指导原则

各级住房城乡建设部门要按照改善农村人居环境工作总体要求，将绿色村庄创建作为改善农村人居环境的工作重点，形成政府引导、村委会为主、多部门合作的推进机制，动员社会力量和农民群众广泛参与，建立财政补助、村集体补贴、农民个人种植、社会捐赠相结合的资金筹集机制，大力推进村庄绿化工作，整体提升村庄绿化水平，切实改善农村人居环境。

绿色村庄创建工作要坚持因地制宜、统筹推进，将绿色村庄创建与村庄环境整治、村庄美化和农民增收相结合；坚持尊重自然、突出本土特色，充分利用村庄闲置空地，结合废弃棚圈和旱厕等整治，运用乡土树种和生态方法营造乡村景观；坚持创新机制、建管并举，建立有效的建设和管护机制。

二、工作目标和基本要求

绿色村庄创建工作的目标是，到 2020 年实现全国村庄绿量明显增加，淮河流域及以南地区 70%以上的行政村（含所有自然村组，以下同）、以北地区 60%以上的行政村达到本意见提出的绿色村庄基本要求；到 2025 年全国大部分村庄达到绿色村庄基本要求，农村人居环境和生态环境显著改善。

绿色村庄的基本要求是，村内道路、坑塘河道和公共场所普遍绿化；农户房前屋后和庭院基本实现绿化；村庄周边普遍有绿化林带，有条件的村庄实现绿树围合；古树名木实现调查、建档和保护；建立有效的种绿、护绿机制；淮河流域及以南地区村庄绿化覆盖率应不低于 30%，以北地区一般不低于 20%。

三、制定绿色村庄标准

省级住房城乡建设部门要按照上述绿色村庄的基本要求，制定本地区绿色村庄标准并指导市县实施。绿色村庄标准要结合本地自然气候、地形地貌和经济条件等因素分类确定，明确不同类型村庄绿化覆盖率以及村内道路两边、坑塘河道两边、公共场所、农户房前屋后及庭院、村庄周边绿化等具体指标。

四、明确责任主体

省级住房城乡建设部门负责组织推动和指导本地区绿色村庄创建工作。市县住房城乡建设部门负责会同林业、农业等部门组织实施，制定支持措施，开展日常检查和宣传动员。村委会是绿色村庄创建的责任主体，负责带领村民投工投劳，开展房前屋后、村内道路、公共场所等区域的绿化，组织村民按照谁的地谁负责、谁种谁受益的方法实行绿化包干，引导村民成为种绿、护绿的主要力量。

五、建立长效机制

支持学校、共青团、妇联、民兵组织等团体单位广泛开展义务植树活动，通过冠名植树、营造纪念林等方式参与村庄绿化。鼓励社会各界以捐资助绿、送苗进村、认建认养等方式支持绿色村庄建设。推动建立村集体管护、承包管护、专人管护等多种形式相结合的管护机制。村委会要与管护主体签订管护协议，明晰村内各类绿化用地的管护权，明确管护和收益的关系，落实管护责任。鼓励村民和专业绿化单位参与管护。

六、公布名单

绿色村庄由村委会申请、乡镇人民政府推荐、市县住房城乡建设部门审核、省级住房城乡建设部门认定。省级住房城乡建设部门每年10月底前将通过省级认定的绿色村庄名单报住房城乡建设部。住房城乡建设部每年公布绿色村庄名单，并通报表扬创建工作成绩突出的县（市、区）。

中华人民共和国住房和城乡建设部

2016 年 3 月 23 日

国务院关于深入推进新型
城镇化建设的若干意见

国发〔2016〕8号

各省、自治区、直辖市人民政府，国务院各部委、各直属机构：

新型城镇化是现代化的必由之路，是最大的内需潜力所在，是经济发展的重要动力，也是一项重要的民生工程。《国家新型城镇化规划（2014—2020年）》发布实施以来，各地区、各部门抓紧行动、改革探索，新型城镇化各项工作取得了积极进展，但仍然存在农业转移人口市民化进展缓慢、城镇化质量不高、对扩大内需的主动力作用没有得到充分发挥等问题。为总结推广各地区行之有效的经验，深入推进新型城镇化建设，现提出如下意见。

一、总体要求

全面贯彻党的十八大和十八届二中、三中、四中、五中全会以及中央经济工作会议、中央城镇化工作会议、中央城市工作会议、中央扶贫开发工作会议、中央农村工作会议精神，按照"五位一体"总体布局和"四个全面"战略布局，牢固树立创新、协调、绿色、开放、共享的发展理念，坚持走以人为本、四化同步、优化布局、生态文明、文化传承的中国特色新型城镇化道路，以人的城镇化为核心，以提高质量为关键，以体制机制改革为动力，紧紧围绕新型城镇化目标任务，加快推进户籍制度改革，提升城市综合承载能力，制定完善土地、财政、投融资等配套政策，充分释放新型城镇化蕴藏的巨大内需潜力，为经济持续健康发展提供持久强劲动力。

坚持点面结合、统筹推进。统筹规划、总体布局，促进大中小城市和小城镇协调发展，着力解决好"三个1亿人"城镇化问题，全面提高城镇化质量。充分发挥国家新型城镇化综合试点作用，及时总结提炼可复制经验，带动全国新型城镇化体制机制创新。

坚持纵横联动、协同推进。加强部门间政策制定和实施的协调配合，推动户籍、土地、财政、住房等相关政策和改革举措形成合力。加强部门与地方政策联动，推动地方加快出台一批配套政策，确保改革举措和政策落地生根。

坚持补齐短板、重点突破。加快实施"一融双新"工程，以促进农民工融入城镇为核心，以加快新生中小城市培育发展和新型城市建设为重点，瞄准短板，加快突破，优化政策组合，弥补供需缺口，促进新型城镇化健康有序发展。

二、积极推进农业转移人口市民化

（一）加快落实户籍制度改革政策。围绕加快提高户籍人口城镇化率，深化户籍制度改革，促进有能力在城镇稳定就业和生活的农业转移人口举家进城落户，并与城镇居民享有同等权利、履行同等义务。鼓励各地区进一步放宽落户条件，除极少数超大城市外，允许农业转移人口在就业地落户，优先解决农村学生升学和参军进入城镇的人口、在城镇就业居住5年以上和举家迁徙的农业转移人口以及新生代农民工落户问题，全面放开对高校毕业生、技术工人、职业院校毕业生、留学归国人员的落户限制，加快制定公开透明的落户标准和切实可行的落户目标。除超大城市和特大城市外，其他城市不得采取要求购买房屋、投资纳税、积分制等方式设置落户限制。加快调整完善超大城市和特大城市落户政策，根据城市综合承载能力和功能定位，区分主城区、郊区、新区等区域，分类制定落户政策；以具有合法稳定就业和合法稳定住所（含租赁）、参加城镇社会保险年限、连续居住年限等为主要指标，建立完善积分落户制度，重点解决符合条件的普通劳动者的落户问题。加快制定实施推动 1 亿非户籍人口在城市落户方案，强化地方政府主体责任，确保如期完成。

（二）全面实行居住证制度。推进居住证制度覆盖全部未落户城镇常住人口，保障居住证持有人在居住地享有义务教育、基本公共就业服务、基本公共卫生服务和计划生育服务、公共文化体育服务、法律援助和法律服务以及国家规定的其他基本公共服务；同时，在居住地享有按照国家有关规定办理出入境证件、换领补领居民身份证、机动车登记、申领机动车驾驶证、报名参加职业资格考试和申请授予职业资格以及其他便利。鼓励地方各级人民政府根据本地承载能力不断扩大对居住证持有人的公共服务范围并提高服务标准，缩小与户籍人口基本公共服务的差距。推动居住证持有人享有与当地户籍人口同等的住房保障权利，将符合条件的农业转移人口纳入当地住房保障范围。各城市要根据《居住证暂行条例》，加快制定实施具体管理办法，防止居住证与基本公共服务脱钩。

（三）推进城镇基本公共服务常住人口全覆盖。保障农民工随迁子女以流入地公办学校为主接受义务教育，以公办幼儿园和普惠性民办幼儿园为主接受学前教育。实施义务教育"两免一补"和生均公用经费基准定额资金随学生流动可携带政策，统筹人口流入地与流出地教师编制。组织实施农民工职业技能提升计划，每年培训2000万人次以上。允许在农村参加的养老保险和医疗保险规范接入城镇社保体系，加快建立基本医疗保险异地就医医疗费用结算制度。

（四）加快建立农业转移人口市民化激励机制。切实维护进城落户农民在农村的合法权益。实施财政转移支付同农业转移人口市民化挂钩政策，实施城镇建设用地增加规模与吸纳农业转移人口落户数量挂钩政策，中央预算内投资安排向吸纳农业转移人口落户数量较多的城镇倾斜。各省级人民政府要出台相应配套政策，加快推进农业转移人口市民化进程。

三、全面提升城市功能

（五）加快城镇棚户区、城中村和危房改造。围绕实现约1亿人居住的城镇棚户区、城中村和危房改造目标，实施棚户区改造行动计划和城镇旧房改造工程，推动棚户区改造与名城保护、城市更新相结合，加快推进城市棚户区和城中村改造，有序推进旧住宅小区综合整治、危旧住房和非成套住房（包括无上下水、北方地区无供热设施等的住房）改造，将棚户区改造政策支持范围扩大到全国重点镇。加强棚户区改造工程质量监督，严格实施质量责任终身追究制度。

（六）加快城市综合交通网络建设。优化街区路网结构，建设快速路、主次干路和支路级配合理的路网系统，提升城市道路网络密度，优先发展公共交通。大城市要统筹公共汽车、轻轨、地铁等协同发展，推进城市轨道交通系统和自行车等慢行交通系统建设，在有条件的地区规划建设市郊铁路，提高道路的通达性。畅通进出城市通道，加快换乘枢纽、停车场等设施建设，推进充电站、充电桩等新能源汽车充电设施建设，将其纳入城市旧城改造和新城建设规划同步实施。

（七）实施城市地下管网改造工程。统筹城市地上地下设施规划建设，加强城市地下基础设施建设和改造，合理布局电力、通信、广电、给排水、热力、燃气等地下管网，加快实施既有路面城市电网、通信网络架空线入地工程。推动城市新区、各类园区、成片开发区的新建道路同步建设地下综合管廊，老城区要结合地铁建设、河道治理、道路整治、旧城更新、棚户区改造等逐步推进地下综合管廊建设，鼓励社会资本投资运营地下综合管廊。加快城市易涝点改造，推进雨污分流管网改造与排水和防洪排涝设施建设。加强供水管网改造，降低供水管网漏损率。

（八）推进海绵城市建设。在城市新区、各类园区、成片开发区全面推进海绵城市建设。在老城区结合棚户区、危房改造和老旧小区有机更新，妥善解决城市防洪安全、雨水收集利用、黑臭水体治理等问题。加强海绵型建筑与小区、海绵型道路与广场、海绵型公园与绿地、绿色蓄排与净化利用设施等建设。加强自然水系保护与生态修复，切实保护良好水体和饮用水源。

（九）推动新型城市建设。坚持适用、经济、绿色、美观方针，提升规划水平，增强城市规划的科学性和权威性，促进"多规合一"，全面开展城市设计，加快建设绿色城市、智慧城市、人文城市等新型城市，全面提升城市内在品质。实施"宽带中国"战略和"互联网+"城市计划，加速光纤入户，促进宽带网络提速降费，发展智能交通、智能电网、智能水务、智能管网、智能园区。推动分布式太阳能、风能、生物质能、地热能多元化规模化应用和工业余热供暖，推进既有建筑供热计量和节能改造，对大型公共建筑和政府投资的各类建筑全面执行绿色建筑标准和认证，积极推广应用绿色新型建材、装配式建筑和钢结构建筑。加强垃圾处理设施建设，基本建立建筑垃圾、餐厨废弃物、园林废弃物等回收和再生利用体系，建设循环型城市。划定永久基本农田、生态保护红线和城市开发边界，实施城市生态廊道建设和生态系统修复工程。制定实施城市空气质量达标时间表，努力提高优良天数比例，大幅减少重污染天数。落实最严格水资源管理制度，推广节水新技术和新工艺，积极推进中水回用，全面建设节水型城市。促进国家级新区健康发展，推动符合条件的开发区向城市功能区转型，引导工业集聚区规范发展。

（十）提升城市公共服务水平。根据城镇常住人口增长趋势，加大财政对接收农民工随迁子女较多的城镇中小学校、幼儿园建设的投入力度，吸引企业和社会力量投资建学办学，增加中小学校和幼儿园学位供给。统筹新老城区公共服务资源均衡配置。加强医疗卫生机构、文化设施、体育健身场所设施、公园绿地等公共服务设施以及社区服务综合信息平台规划建设。优化社区生活设施布局，打造包括物流配送、便民超市、银行网点、零售药店、家庭服务中心等在内的便捷生活服务圈。建设以居家为基础、社区为依托、机构为补充的多层次养老服务体系，推动生活照料、康复护理、精神慰藉、紧急援助等服务全覆盖。加快推进住宅、公共建筑等的适老化改造。加强城镇公用设施使用安全管理，健全城市抗震、防洪、排涝、消防、应对地质灾害应急指挥体系，完善城市生命通道系统，加强城市防灾避难场所建设，增强抵御自然灾害、处置突发事件和危机管理能力。

四、加快培育中小城市和特色小城镇

（十一）提升县城和重点镇基础设施水平。加强县城和重点镇公共供水、道路交通、燃气供热、信息网络、分布式能源等市政设施和教育、医疗、文化等公共服务设施建设。推进城镇生活污水垃圾处理设施全覆盖和稳定运行，提高县城垃圾资源化、无害化处理能力，加快重点镇垃圾收集和转运设施建设，利用水泥窑协同处理生活垃圾及污泥。推进北方县城和重点镇集中供热全覆盖。加大对中西部地区发展潜力大、吸纳人口多的县城和重点镇的支持力度。

（十二）加快拓展特大镇功能。开展特大镇功能设置试点，以下放事权、扩大财权、改革人事权及强化用地指标保障等为重点，赋予镇区人口 10 万以上的特大镇部分县级管理权限，允许其按照相同人口规模城市市政设施标准进行建设发展。同步推进特大镇行政管理体制改革和设市模式创新改革试点，减少行政管理层级、推行大部门制，降低行政成本、提高行政效率。

（十三）加快特色镇发展。因地制宜、突出特色、创新机制，充分发挥市场主体作用，推动小城镇发展与疏解大城市中心城区功能相结合、与特色产业发展相结合、与服务"三农"相结合。发展具有特色优势的休闲旅游、商贸物流、信息产业、先进制造、民俗文化传承、科技教育等魅力小镇，带动农业现代化和农民就近城镇化。提升边境口岸城镇功能，在人员往来、加工物流、旅游等方面实行差别化政策，提高投资贸易便利化水平和人流物流便利化程度。

（十四）培育发展一批中小城市。完善设市标准和市辖区设置标准，规范审核审批程序，加快启动相关工作，将具备条件的县和特大镇有序设置为市。适当放宽中西部地区中小城市设置标准，加强产业和公共资源布局引导，适度增加中西部地区中小城市数量。

（十五）加快城市群建设。编制实施一批城市群发展规划，优化提升京津冀、长三角、珠三角三大城市群，推动形成东北地区、中原地区、长江中游、成渝地区、关中平原等城市群。推进城市群基础设施一体化建设，构建核心城市1小时通勤圈，完善城市群之间快速高效互联互通交通网络，建设以高速铁路、城际铁路、高速公路为骨干的城市群内部交通网络，统筹规划建设高速联通、服务便捷的信息网络，统筹推进重大能源基础设施和能源市场一体化建设，共同建设安全可靠的水利和供水系统。做好城镇发展规划与安全生产规划的统筹衔接。

五、辐射带动新农村建设

（十六）推动基础设施和公共服务向农村延伸。推动水电路等基础设施城乡联网。推进城乡配电网建设改造，加快信息进村入户，尽快实现行政村通硬化路、通班车、通邮、通快递，推动有条件地区燃气向农村覆盖。开展农村人居环境整治行动，加强农村垃圾和污水收集处理设施以及防洪排涝设施建设，强化河湖水系整治，加大对传统村落民居和历史文化名村名镇的保护力度，建设美丽宜居乡村。加快农村教育、医疗卫生、文化等事业发展，推进城乡基本公共服务均等化。深化农村社区建设试点。

（十七）带动农村一二三产业融合发展。以县级行政区为基础，以建制镇为支点，搭建多层次、宽领域、广覆盖的农村一二三产业融合发展服务平台，完善利益联结机制，促进农业产业链延伸，推进农业与旅游、教育、文化、健康养老等产业深度融合，大力发展农业新型业态。强化农民合作社和家庭农场基础作用，支持龙头企业引领示范，鼓励社会资本投入，培育多元化农业产业融合主体。推动返乡创业集聚发展。

（十八）带动农村电子商务发展。加快农村宽带网络和快递网络建设，加快农村电子商务发展和"快递下乡"。支持适应乡村特点的电子商务服务平台、商品集散平台和物流中心建设，鼓励电子商务第三方交易平台渠道下沉，带动农村特色产业发展，推进农产品进城、农业生产资料下乡。完善有利于中小网商发展的政策措施，在风险可控、商业可持续的前提下支持发展面向中小网商的融资贷款业务。

（十九）推进易地扶贫搬迁与新型城镇化结合。坚持尊重群众意愿，注重因地制宜，搞好科学规划，在县城、小城镇或工业园区附近建设移民集中安置区，推进转移就业贫困人口在城镇落户。坚持加大中央财政支持和多渠道筹集资金相结合，坚持搬迁和发展两手抓，妥善解决搬迁群众的居住、看病、上学等问题，统筹谋划安置区产业发展与群众就业创业，确保搬迁群众生活有改善、发展有前景。

六、完善土地利用机制

（二十）规范推进城乡建设用地增减挂钩。总结完善并推广有关经验模式，全面实行城镇建设用地增加与农村建设用地减少相挂钩的政策。高标准、高质量推进村庄整治，在规范管理、规范操作、规范运行的基础上，扩大城乡建设用地增减挂钩规模和范围。运用现代信息技术手段加强土地利用变更情况监测监管。

（二十一）建立城镇低效用地再开发激励机制。允许存量土地使用权人在不违反法律法规、符合相关规划的前提下，按照有关规定经批准后对土地进行再开发。完善城镇存量土地再开发过程中的供应方式，鼓励原土地使用权人自行改造，涉及原划拨土地使用权转让需补办出让手续的，经依法批准，可采取规定方式办理并按市场价缴纳土地出让价款。在国家、改造者、土地权利人之间合理分配"三旧"（旧城镇、旧厂房、旧村庄）改造的土地收益。

（二十二）因地制宜推进低丘缓坡地开发。在坚持最严格的耕地保护制度、确保生态安全、切实做好地质灾害防治的前提下，在资源环境承载力适宜地区开展低丘缓坡地开发试点。通过创新规划计划方式、开展整体整治、土地分批供应等政策措施，合理确定低丘缓坡地开发用途、规模、布局和项目用地准入门槛。

（二十三）完善土地经营权和宅基地使用权流转机制。加快推进农村土地确权登记颁证工作，鼓励地方建立健全农村产权流转市场体系，探索农户对土地承包权、宅基地使用权、集体收益分配权的自愿有偿退出机制，支持引导其依法自愿有偿转让上述权益，提高资源利用效率，防止闲置和浪费。深入推进农村土地征收、集体经营性建设用地入市、宅基地制度改革试点，稳步开展农村承包土地的经营权和农民住房财产权抵押贷款试点。

七、创新投融资机制

（二十四）深化政府和社会资本合作。进一步放宽准入条件，健全价格调整机制和政府补贴、监管机制，广泛吸引社会资本参与城市基础设施和市政公用设施建设和运营。根据经营性、准经营性和非经营性项目不同特点，采取更具针对性的政府和社会资本合作模式，加快城市基础设施和公共服务设施建设。

（二十五）加大政府投入力度。优化政府投资结构，安排专项资金重点支持农业转移人口市民化相关配套设施建设。编制公开透明的政府资产负债表，允许有条件的地区通过发行地方政府债券等多种方式拓宽城市建设融资渠道。省级政府举债使用方向要向新型城镇化倾斜。

（二十六）强化金融支持。专项建设基金要扩大支持新型城镇化建设的覆盖面，安排专门资金定向支持城市基础设施和公共服务设施建设、特色小城镇功能提升等。鼓励开发银行、农业发展银行创新信贷模式和产品，针对新型城镇化项目设计差别化融资模式与偿债机制。鼓励商业银行开发面向新型城镇化的金融服务和产品。鼓励公共基金、保险资金等参与具有稳定收益的城市基础设施项目建设和运营。鼓励地方利用财政资金和社会资金设立城镇化发展基金，鼓励地方整合政府投资平台设立城镇化投资平台。支持城市政府推行基础设施和租赁房资产证券化，提高城市基础设施项目直接融资比重。

八、完善城镇住房制度

（二十七）建立购租并举的城镇住房制度。以满足新市民的住房需求为主要出发点，建立购房与租房并举、市场配置与政府保障相结合的住房制度，健全以市场为主满足多层次需求、以政府为主提供基本保障的住房供应体系。对具备购房能力的常住人口，支持其购买商品住房。对不具备购房能力或没有购房意愿的常住人口，支持其通过住房租赁市场租房居住。对符合条件的低收入住房困难家庭，通过提供公共租赁住房或发放租赁补贴保障其基本住房需求。

（二十八）完善城镇住房保障体系。住房保障采取实物与租赁补贴相结合并逐步转向租赁补贴为主。加快推广租赁补贴制度，采取市场提供房源、政府发放补贴的方式，支持符合条件的农业转移人口通过住房租赁市场租房居住。归并实物住房保障种类。完善住房保障申请、审核、公示、轮候、复核制度，严格保障性住房分配和使用管理，健全退出机制，确保住房保障体系公平、公正和健康运行。

（二十九）加快发展专业化住房租赁市场。通过实施土地、规划、金融、税收等相关支持政策，培育专业化市场主体，引导企业投资购房用于租赁经营，支持房地产企业调整资产配置持有住房用于租赁经营，引导住房租赁企业和房地产开发企业经营新建租赁住房。支持专业企业、物业服务企业等通过租赁或购买社会闲置住房开展租赁经营，落实鼓励居民出租住房的税收优惠政策，激活存量住房租赁市场。鼓励商业银行开发适合住房租赁业务发展需要的信贷产品，在风险可控、商业可持续的原则下，对购买商品住房开展租赁业务的企业提供购房信贷支持。

（三十）健全房地产市场调控机制。调整完善差别化住房信贷政策，发展个人住房贷款保险业务，提高对农民工等中低收入群体的住房金融服务水平。完善住房用地供应制度，优化住房供应结构。加强商品房预售管理，推行商品房买卖合同在线签订和备案制度，完善商品房交易资金监管机制。进一步提高城镇棚户区改造以及其他房屋征收项目货币化安置比例。鼓励引导农民在中小城市就近购房。

九、加快推进新型城镇化综合试点

（三十一）深化试点内容。在建立农业转移人口市民化成本分担机制、建立多元化可持续城镇化投融资机制、改革完善农村宅基地制度、建立创新行政管理和降低行政成本的设市设区模式等方面加大探索力度，实现重点突破。鼓励试点地区有序建立进城落户农民农村土地承包权、宅基地使用权、集体收益分配权依法自愿有偿退出机制。有可能突破现行法规和政策的改革探索，在履行必要程序后，赋予试点地区相应权限。

（三十二）扩大试点范围。按照向中西部和东北地区倾斜、向中小城市和小城镇倾斜的原则，组织开展第二批国家新型城镇化综合试点。有关部门在组织开展城镇化相关领域的试点时，要向国家新型城镇化综合试点地区倾斜，以形成改革合力。

（三十三）加大支持力度。地方各级人民政府要营造宽松包容环境，支持试点地区发挥首创精神，推动顶层设计与基层探索良性互动、有机结合。国务院有关部门和省级人民政府要强化对试点地区的指导和支持，推动相关改革举措在试点地区先行先试，及时总结推广试点经验。各试点地区要制定实施年度推进计划，明确年度任务，建立健全试点绩效考核评价机制。

十、健全新型城镇化工作推进机制

（三十四）强化政策协调。国家发展改革委要依托推进新型城镇化工作部际联席会议制度，加强政策统筹协调，推动相关政策尽快出台实施，强化对地方新型城镇化工作的指导。各地区要进一步完善城镇化工作机制，各级发展改革部门要统筹推进本地区新型城镇化工作，其他部门要积极主动配合，共同推动新型城镇化取得更大成效。

（三十五）加强监督检查。有关部门要对各地区新型城镇化建设进展情况进行跟踪监测和监督检查，对相关配套政策实施效果进行跟踪分析和总结评估，确保政策举措落地生根。

（三十六）强化宣传引导。各地区、各部门要广泛宣传推进新型城镇化的新理念、新政策、新举措，及时报道典型经验和做法，强化示范效应，凝聚社会共识，为推进新型城镇化营造良好的社会环境和舆论氛围。

国务院

2016 年 2 月 2 日

国家发展改革委　国土资源部　环境保护部 住房城乡建设部　关于规范推进特色小镇和 特色小城镇建设的若干意见

（摘自国家发展和改革委员会网站）

各省、自治区、直辖市人民政府，新疆生产建设兵团：

特色小镇是在几平方公里土地上集聚特色产业、生产生活生态空间相融合、不同于行政建制镇和产业园区的创新创业平台。特色小城镇是拥有几十平方公里以上土地和一定人口经济规模、特色产业鲜明的行政建制镇。近年来，各地区各有关部门认真贯彻落实党中央国务院决策部署，积极稳妥推进特色小镇和小城镇建设，取得了一些进展，积累了一些经验，涌现出一批产业特色鲜明、要素集聚、宜居宜业、富有活力的特色小镇。但在推进过程中，也出现了概念不清、定位不准、急于求成、盲目发展以及市场化不足等问题，有些地区甚至存在政府债务风险加剧和房地产化的苗头。为深入贯彻落实党中央国务院领导同志重要批示指示精神，现就规范推进各地区特色小镇和小城镇建设提出以下意见。

一、总体要求

（一）指导思想。深入学习贯彻党的十九大精神，以习近平新时代中国特色社会主义思想为指导，坚持以人民为中心，坚持贯彻新发展理念，把特色小镇和小城镇建设作为供给侧结构性改革的重要平台，因地制宜、改革创新，发展产业特色鲜明、服务便捷高效、文化浓郁深厚、环境美丽宜人、体制机制灵活的特色小镇和小城镇，促进新型城镇化建设和经济转型升级。

（二）基本原则。

坚持创新探索。创新工作思路、方法和机制，着力培育供给侧小镇经济，努力走出一条特色鲜明、产城融合、惠及群众的新路子，防止"新瓶装旧酒""穿新鞋走老路"。

坚持因地制宜。从各地区实际出发，遵循客观规律，实事求是、量力而行、控制数量、提高质量，体现区域差异性，提倡形态多样性，不搞区域平衡、产业平衡、数量要求和政绩考核，防止盲目发展、一哄而上。

坚持产业建镇。立足各地区要素禀赋和比较优势，挖掘最有基础、最具潜力、最能成长的特色产业，做精做强主导特色产业，打造具有核心竞争力和可持续发展特征的独特产业生态，防止千镇一面和房地产化。

坚持以人为本。围绕人的城镇化，统筹生产生活生态空间布局，提升服务功能、环境质量、文化内涵和发展品质，打造宜居宜业环境，提高人民获得感和幸福感，防止政绩工程和形象工程。

坚持市场主导。按照政府引导、企业主体、市场化运作的要求，创新建设模式、管理方式和服务手段，推动多元化主体同心同向、共建共享，发挥政府制定规划政策、搭建发展平台等作用，防止政府大包大揽和加剧债务风险。

二、重点任务

（三）准确把握特色小镇内涵。各地区要准确理解特色小镇内涵特质，立足产业"特而强"、功能"聚而合"、形态"小而美"、机制"新而活"，推动创新性供给与个性化需求有效对接，打造创新创业发展平台和新型城镇化有效载体。不能把特色小镇当成筐、什么都往里装，不能盲目把产业园区、旅游景区、体育基地、美丽乡村、田园综合体以及行政建制镇戴上特色小镇"帽子"。各地区可结合产业空间布局优化和产城融合，循序渐进发展"市郊镇""市中镇""园中镇""镇中镇"等不同类型特色小镇；依托大城市周边的重点镇培育发展卫星城，依托有特色资源的重点镇培育发展专业特色小城镇。

（四）遵循城镇化发展规律。浙江特色小镇是经济发展到一定阶段的产物，具备相应的要素和产业基础。各地区发展很不平衡，要按规律办事，树立正确政绩观和功成不必在我的理念，科学把握浙江经验的可复制和不可复制内容，合理借鉴其理念方法、精神实质和创新精神，追求慢工出细活出精品，避免脱离实际照搬照抄。特别是中西部地区要从实际出发，科学推进特色小镇和小城镇建设布局，走少而特、少而精、少而专的发展之路，避免盲目发展、过度追求数量目标和投资规模。

（五）注重打造鲜明特色。各地区在推进特色小镇和小城镇建设过程中，要立足区位条件、资源禀赋、产业积淀和地域特征，以特色产业为核心，兼顾特色文化、特色功能和特色建筑，找准特色、凸显特色、放大特色，防止内容重复、形态雷同、特色不鲜明和同质化竞争。聚焦高端产业和产业高端方向，着力发展优势主导特色产业，延伸产业链、提升价值链、创新供应链，吸引人才、技术、资金等高端要素集聚，打造特色产业集群。

（六）有效推进"三生融合"。各地区要立足以人为本，科学规划特色小镇的生产、生活、生态空间，促进产城人文融合发展，营造宜居宜业环境，提高集聚人口能力和人民群众获得感。留存原住居民生活空间，防止将原住居民整体迁出。增强生活服务功能，构建便捷"生活圈"、完善"服务圈"和繁荣"商业圈"。提炼文化经典元素和标志性符号，合理应用于建设运营及公共空间。保护特色景观资源，将美丽资源转化为"美丽经济"。

（七）厘清政府与市场边界。各地区要以企业为特色小镇和小城镇建设主力军，引导企业有效投资、对标一流、扩大高端供给，激发企业家创造力和人民消费需求。鼓励大中型企业独立或牵头打造特色小镇，培育特色小镇投资运营商，避免项目简单堆砌和碎片化开发。发挥政府强化规划引导、营造制度环境、提供设施服务等作用，顺势而为、因势利导，不要过度干预。鼓励利用财政资金联合社会资本，共同发起特色小镇建设基金。

（八）实行创建达标制度。各地区要控制特色小镇和小城镇建设数量，避免分解指标、层层加码。统一实行宽进严定、动态淘汰的创建达标制度，取消一次性命名制，避免各地区只管前期申报、不管后期发展。

（九）严防政府债务风险。各地区要注重引入央企、国企和大中型民企等作为特色小镇主要投资运营商，尽可能避免政府举债建设进而加重债务包袱。县级政府综合债务率超过100%的风险预警地区，不得通过融资平台公司变相举债立项建设。统筹考虑综合债务率、现有财力、资金筹措和还款来源，稳妥把握配套设施建设节奏。

（十）严控房地产化倾向。各地区要综合考虑特色小镇和小城镇吸纳就业和常住人口规模，从严控制房地产开发，合理确定住宅用地比例，并结合所在市县商品住房库存消化周期确定供应时序。适度提高产业及商业用地比例，鼓励优先发展产业。科学论证企业创建特色小镇规划，对产业内容、盈利模式和后期运营方案进行重点把关，防范"假小镇真地产"项目。

（十一）严格节约集约用地。各地区要落实最严格的耕地保护制度和最严格的节约用地制度，在符合土地利用总体规划和城乡规划的前提下，划定特色小镇和小城镇发展边界，避免另起炉灶、大拆大建。鼓励盘活存量和低效建设用地，严控新增建设用地规模，全面实行建设用地增减挂钩政策，不得占用永久基本农田。合理控制特色小镇四至范围，规划用地面积控制在 3 平方公里左右，其中建设用地面积控制在 1 平方公里左右，旅游、体育和农业类特色小镇可适当放宽。

（十二）严守生态保护红线。各地区要按照《关于划定并严守生态保护红线的若干意见》要求，依据应划尽划、应保尽保原则完成生态保护红线划定工作。严禁以特色小镇和小城镇建设名义破坏生态，严格保护自然保护区、文化自然遗产、风景名胜区、森林公园和地质公园等区域，严禁挖山填湖、破坏山水田园。严把特色小镇和小城镇产业准入关，防止引入高污染高耗能产业，加强环境治理设施建设。

三、组织实施

（十三）提高思想认识。各地区要深刻认识特色小镇和小城镇建设的重要意义，将其作为深入推进供给侧结构性改革的重要平台，以及推进经济转型升级和新型城镇化建设的重要抓手，切实抓好组织实施。

（十四）压实省级责任。各省级人民政府要强化主体责任意识，按照本意见要求，整合各方力量，及时规范纠偏，调整优化实施方案、创建数量和配套政策，加强统计监测。

（十五）加强部门统筹。充分发挥推进新型城镇化工作部际联席会议机制的作用，由国家发展改革委牵头，会同国土资源、环境保护、住房城乡建设等有关部门，共同推进特色小镇和小城镇建设工作，加强对各地区的监督检查评估。国务院有关部门对已公布的两批 403 个全国特色小城镇、96 个全国运动休闲特色小镇等，开展定期测评和优胜劣汰。

（十六）做好宣传引导。发挥主流媒体舆论宣传作用，持续跟踪报道建设进展，发现新短板新问题，总结好样板好案例，形成全社会关注关心的良好氛围。

国家发展改革委

国土资源部

环境保护部

住房城乡建设部

2017 年 12 月 4 日

2018—2020 年农机购置补贴实施指导意见

农业部办公厅　财政部办公厅关于印发
《2018—2020 年农机购置补贴实施指导意见》的通知
农办财〔2018〕13 号

各省、自治区、直辖市及计划单列市农业（农牧、农村经济）厅（局、委）、农机管理局（办公室）、财政厅（局），新疆生产建设兵团农业局、财务局，黑龙江省农垦总局、广东省农垦总局：

为切实做好 2018—2020 年农机购置补贴工作，支持引导农业机械化全程全面高质高效发展，促进农业供给侧结构性改革，助力乡村振兴战略实施，根据《农业生产发展资金管理办法》（财农〔2017〕41 号）等有关规定，我们制定了《2018—2020 年农机购置补贴实施指导意见》，现予印发，请遵照执行。

农业部办公厅　财政部办公厅
2018 年 2 月 22 日

一、总体要求

深入贯彻落实党的十九大精神，紧紧围绕实施乡村振兴战略，以推进农业供给侧结构性改革、促进农业机械化全程全面高质高效发展为基本要求，突出重点，全力保障粮食和主要农产品生产全程机械化的需求，为国家粮食安全和主要农产品有效供给提供坚实的物质技术支撑；坚持绿色生态导向，大力推广节能环保、精准高效农业机械化技术，促进农业绿色发展；推动科技创新，加快技术先进农机产品推广，促进农机工业转型升级，提升农机作业质量；推动普惠共享，推进补贴范围内机具敞开补贴，加大对农业机械化薄弱地区支持力度，促进农机社会化服务，切实增强政策获得感；创新组织管理，着力提升制度化、信息化、便利化水平，严惩失信违规行为，严防系统性违规风险，确保政策规范廉洁高效实施，不断提升公众满意度和政策实现度。

二、补贴范围和补贴机具

中央财政资金全国农机购置补贴机具种类范围（以下简称"补贴范围"）为15大类42个小类137个品目（详见附件1）。各省（自治区、直辖市）及计划单列市、新疆生产建设兵团、黑龙江省农垦总局、广东省农垦总局（以下简称"各省"），根据农业生产实际需要和补贴资金规模，按照公开、公平、公正原则，从上述补贴范围中选取确定本省补贴机具品目，实行补贴范围内机具敞开补贴。要优先保证粮食等主要农产品生产所需机具和深松整地、免耕播种、高效植保、节水灌溉、高效施肥、秸秆还田离田、残膜回收、畜禽粪污资源化利用、病死畜禽无害化处理等支持农业绿色发展机具的补贴需要，逐步将区域内保有量明显过多、技术相对落后、需求量小的机具品目剔除出补贴范围。

补贴机具必须是补贴范围内的产品，同时还应具备以下资质之一：（1）获得农业机械试验鉴定证书（农业机械推广鉴定证书）；（2）获得农机强制性产品认证证书；（3）列入农机自愿性认证采信试点范围，获得农机自愿性产品认证证书。补贴机具须在明显位置固定标有生产企业、产品名称和型号、出厂编号、生产日期、执行标准等信息的永久性铭牌。

此外，各省可选择不超过3个品目的产品开展农机新产品购置补贴试点（以下简称"新产品试点"），重点支持绿色生态导向和丘陵山区特色产业适用机具。农机购置补贴机具资质采信农机产品认证结果和新产品试点具体办法另行规定。鼓励有意愿的省份开展扩大补贴机具资质采信试点。

补贴范围应保持总体稳定，必要的调整按年度进行。对经过新产品试点基本成熟、取得资质条件的品目，可依程序按年度纳入补贴范围。

地方特色农业发展所需和小区域适用性强的机具，可列入地方各级财政安排资金的补贴范围，具体补贴机具品目和补贴标准由地方自定。

三、补贴对象和补贴标准

补贴对象为从事农业生产的个人和农业生产经营组织（以下简称"购机者"），其中农业生产经营组织包括农村集体经济组织、农民专业合作经济组织、农业企业和其他从事农业生产经营的组织。在保障农民购机权益的前提下，鼓励因地制宜发展农机社会化服务组织，提升农机作业专业化社会化服务水平。

中央财政农机购置补贴实行定额补贴，补贴额由各省农机化主管部门负责确定，其中，通用类机具补贴额不超过农业部发布的最高补贴额。补贴额依据同档产品上年市场销售均价测算，原则上测算比例不超过 30%。上年市场销售均价可通过本省农机购置补贴辅助管理系统补贴数据测算，也可通过市场调查或委托有资质的社会中介机构进行测算。对技术含量不高、区域拥有量相对饱和的机具品目，应降低补贴标准。为提高资金使用效益、减少具体产品补贴标准过高的情形，各省也可采取定额与比例相结合等其他方式确定补贴额，具体由各省结合实际自主确定。

一般补贴机具单机补贴额原则上不超过 5 万元；挤奶机械、烘干机单机补贴额不超过 12 万元；100 马力以上拖拉机、高性能青饲料收获机、大型免耕播种机、大型联合收割机、水稻大型浸种催芽程控设备单机补贴额不超过 15 万元；200 马力以上拖拉机单机补贴额不超过 25 万元；大型甘蔗收获机单机补贴额不超过 40 万元；大型棉花采摘机单机补贴额不超过 60 万元。

西藏和新疆南疆五地州（含南疆垦区）继续按照《农业部办公厅 财政部办公厅关于在西藏和新疆南疆地区开展差别化农机购置补贴试点的通知》（农办财〔2017〕19 号）执行。在多个省份进行补贴的机具品目，相关省农机化主管部门要加强信息共享，力求分档和补贴额相对统一稳定。

补贴额的调整工作一般按年度进行。鉴于市场价格具有波动性，在政策实施过程中，具体产品或具体档次的中央财政资金实际补贴比例在 30% 上下一定范围内浮动符合政策规定。发现具体产品实际补贴比例明显偏高时，应及时组织调查，对有违规情节的，按农业部、财政部联合制定的《农业机械购置补贴产品违规经营行为处理办法（试行）》以及本省相关规定处理；对无违规情节且已购置的产品，可按原规定履行相关手续，并视情况优化调整该产品补贴额。

四、资金分配使用

农机购置补贴支出主要用于支持购置先进适用农业机械，以及开展农机报废更新补贴试点等方面。鼓励各省积极开展农机报废更新补贴试点，加快淘汰耗能高、污染重、安全性能低的老旧农机具。鼓励相关省份采取融资租赁、贴息贷款等形式，支持购置大型农业机械。各省农机化主管部门要会同财政部门科学测算资金需求，综合考虑耕地面积、农作物播种面积、主要农产品产量、购机需求、绩效管理、违规处理、当年资金使用情况等因素和中央财政预算安排情况，测算安排市、县级补贴资金规模，对资金结转量大的地区不安排或少安排资金。财政部门要会同农机化主管部门加强资金监管，定期调度和发布资金使用进度，强化区域内资金余缺动态调剂，避免出现资金大量结转。上年结转资金可继续在下年使用，连续两年未用完的，按有关规定处理。

对省属管理体制的地方垦区和海拉尔、大兴安岭垦区的补贴资金规模，要结合农垦改革，由省级财政部门与农机化主管部门、农垦主管部门协商确定，统一纳入各省补贴资金分配方案。其他市、县属地方垦区国有农场的农机购置补贴，按所在市、县农机购置补贴政策规定实施。

地方各级财政部门要增加资金投入，保证补贴工作实施必要的组织管理经费。

五、操作流程

农机购置补贴政策实施实行自主购机、定额补贴、先购后补、县级结算、直补到卡（户）。

（一）发布实施规定。省级及以下农机化主管部门、财政部门按职责分工和有关规定发布本地区农机购置补贴实施方案、补贴额一览表等信息。

（二）组织机具投档。自愿参与农机购置补贴的农机生产企业按规定提交有关资料。各省农机化主管部门组织开展形式审核，集中公布投档产品信息汇总表。各省应在本省补贴实施方案中明确投档频次和工作安排，原则上每年投档次数不少于两次。

（三）自主选机购机。购机者自主选机购机，并对购机行为和购买机具的真实性负责，承担相应责任义务。鼓励非现金方式支付购机款，便于购置行为及资金往来全程留痕。购机者对其购置的补贴机具拥有所有权，可自主使用、依法依规处置。

（四）补贴资金申请。购机者自主向当地农机化主管部门提出补贴资金申领事项，按规定提交申请资料，其真实性、完整性和有效性由购机者和补贴机具产销企业负责，并承担相关法律责任。实行牌证管理的机具，要先行办理牌证照。严禁以任何方式授予补贴机具产销企业进入农机购置补贴辅助管理系统办理补贴申请的具体操作权限，严禁补贴机具产销企业代替购机者到主管部门办理补贴申请手续。各地可结合实际，设置购机者年度内享受补贴资金总额的上限及其申请条件等。鼓励有条件的省份探索利用农业部新型农业经营主体信息直报系统实行网上补贴申请试点。

（五）补贴资金兑付。县级农机化主管部门、财政部门按职责分工、时限要求对补贴相关申请资料进行形式审核，组织核验重点机具，由财政部门向符合要求的购机者发放补贴资金。对实行牌证管理的补贴机具，可由农机安全监理机构在上牌过程中一并核验；对安装类、设施类或安全风险较高类补贴机具，可在生产应用一段时期后兑付补贴资金。

各省应根据上述规定，结合本地实际，进一步细化和制定具体工作流程。

六、工作要求

（一）加强领导，密切配合。各级农机化主管部门、财政部门要切实加强组织领导，密切沟通配合，明确职责分工，形成工作合力。要加强补贴工作业务培训，组织开展廉政警示教育，提高补贴工作人员业务素质和工作能力。对实施过程中出现的问题，要认真研究解决，重大问题及时向上级机关报告。

省级农机化主管部门、财政部门要加强制度建设，提升信息化管理水平，做好补贴资金分配调剂、补贴范围确定、补贴额测算和组织补贴机具投档、违规行为查处等工作，督促指导各地全面落实农机购置补贴政策规定。

地市级农机化主管部门、财政部门要加强对县级农机购置补贴工作的指导，重点开展县级补贴方案审核、补贴资金需求审核、督导检查、违规查处等工作。

县级农机化主管部门、财政部门，要在本级政府领导下组织实施农机购置补贴政策，共同做好补贴资金需求摸底、补贴对象确认、补贴机具核实、补贴资金兑付、违规行为处理等工作，重大事项须提交县级农机购置补贴领导小组集体研究决策。

各省农机化主管部门要指导农机鉴定机构以先进、适用、绿色、高效为原则制定公布鉴定产品种类指南，并及时公开鉴定证书、鉴定结果和产品主要技术规格参数信息，为农机购置补贴政策实施提供有力保障。

（二）规范操作，高效服务。全面运用农机购置补贴辅助管理系统，推广使用补贴机具网络投档软件，探索补贴机具"一机一码"识别管理，提高政策实施信息化水平。

切实加快补贴申请受理、资格审核、机具核验、受益公示等工作，鼓励在购机集中地或当地政务大厅等开展受理申请、核实登记等"一站式"服务。补贴申领有效期原则上当年有效，因当年财政补贴资金规模不够、办理手续时间紧张等无法享受补贴的，可在下一个年度优先补贴，以稳定购机者补贴申领预期。

完善补贴机具核验流程，重点加强对大中型机具的核验和单人多台套、短期内大批量等异常申请补贴情形的监管，积极探索实行购机真实性承诺、受益信息实时公开和事后抽查核验相结合的补贴机具监管方式。

（三）公开信息，接受监督。各级农机化主管部门要进一步加强政策宣传，扩大社会公众知晓度。省级和县级农机化主管部门要全面建立农机购置补贴信息公开专栏，对申请购机补贴者信息进行公示，对实施方案、补贴额一览表、操作程序、补贴机具信息表、投诉咨询方式、违规查处结果等重点信息全面公开，实时公布补贴资金申请登记进度和享受补贴购机者信息（格式参见附件2）。

（四）加强监管，严惩违规。全面建立农机购置补贴工作内部控制规程，规范业务流程，强化监督制约。开展省级农机购置补贴延伸绩效管理，强化结果运用，推进绩效管理向市县延伸。充分发挥专家和第三方作用，加强督导评估，强化补贴政策实施全程监管。

明确参与农机购置补贴政策实施的鉴定机构和认证机构的责任义务，加强管理。加强购机者信息保护，配合相关部门严厉打击窃取、倒卖、泄露补贴信息和电信诈骗等不法行为。

全面贯彻落实《农业部办公厅 财政部办公厅关于印发〈农业机械购置补贴产品违规经营行为处理办法（试行）〉的通知》（农办财〔2017〕26号）精神，加快制定本辖区处理细则，加大违规行为查处力度，进一步推进省际间联动联查，严处失信违规主体。

各省农机化主管部门、财政部门要根据本指导意见，结合实际制定印发本省补贴实施方案（2018—2020年），并抄报农业部、财政部。每年12月15日前，要将全年中央财政农机购置补贴政策实施总结报告报送农业部、财政部。

附件：1. 全国农机购置补贴机具种类范围

2. 年度县（市、旗、场）享受农机购置补贴的购机者信息表

附件1：

全国农机购置补贴机具种类范围

（15 大类 42 个小类 137 个品目）

1. 耕整地机械

1.1　耕地机械

1.1.1　铧式犁

1.1.2　旋耕机（含履带自走式旋耕机）

1.1.3　深松机

1.1.4　开沟机

1.1.5　耕整机

1.1.6　微耕机

1.1.7　机滚船

1.1.8　机耕船

1.2　整地机械

1.2.1　圆盘耙

1.2.2　起垄机

1.2.3　灭茬机

1.2.4　筑埂机

1.2.5　铺膜机

1.2.6　联合整地机

1.2.7　驱动耙

2. 种植施肥机械

2.1　播种机械

2.1.1　条播机

2.1.2 穴播机

2.1.3 小粒种子播种机

2.1.4 根茎作物播种机

2.1.5 免耕播种机

2.1.6 铺膜播种机

2.1.7 水稻直播机

2.1.8 旋耕播种机

2.2 育苗机械设备

2.2.1 种子播前处理设备

2.2.2 营养钵压制机

2.2.3 秧盘播种成套设备（含床土处理）

2.3 栽植机械

2.3.1 水稻插秧机

2.3.2 秧苗移栽机（含甜菜移栽机、水稻钵苗移栽机、水稻抛秧机和油菜栽植机）

2.3.3 甘蔗种植机

2.4 施肥机械

2.4.1 施肥机（含水稻侧深施肥装置）

2.4.2 撒肥机

2.4.3 追肥机

3. 田间管理机械

3.1 中耕机械

3.1.1 中耕机（含甘蔗中耕机）

3.1.2 培土机

3.1.3 埋藤机

3.1.4 田园管理机

3.1.5 中耕追肥机

3.2 植保机械

3.2.1 动力喷雾机

3.2.2 喷杆喷雾机

3.2.3 风送喷雾机

3.3 修剪机械

3.3.1 茶树修剪机

4. 收获机械

4.1 谷物收获机械

4.1.1 割晒机

4.1.2 自走轮式谷物联合收割机

4.1.3 自走履带式谷物联合收割机（全喂入）

4.1.4 半喂入联合收割机

4.2 玉米收获机械

4.2.1 自走式玉米收获机

4.2.2 自走式玉米籽粒联合收获机

4.2.3 穗茎兼收玉米收获机

4.2.4 玉米收获专用割台

4.3 棉麻作物收获机械

4.3.1 棉花收获机

4.4 果实收获机械

4.4.1 番茄收获机

4.4.2 辣椒收获机

4.5 蔬菜收获机械

4.5.1 果类蔬菜收获机

4.6 花卉（茶叶）采收机械

4.6.1 采茶机

4.7 籽粒作物收获机械

4.7.1 油菜籽收获机

4.8 根茎作物收获机械

4.8.1 薯类收获机

4.8.2 甜菜收获机

4.8.3 甘蔗收获机

4.8.4 甘蔗割铺机

4.8.5 花生收获机

4.9 饲料作物收获机械

4.9.1 割草机

4.9.2 搂草机

4.9.3 打（压）捆机

4.9.4 圆草捆包膜机

4.9.5 青饲料收获机

4.10 茎秆收集处理机械

4.10.1 秸秆粉碎还田机

4.10.2 高秆作物割晒机

5. 收获后处理机械

5.1 脱粒机械

5.1.1 稻麦脱粒机

5.1.2 玉米脱粒机

5.1.3 花生摘果机

5.2　清选机械

5.2.1　粮食清选机

5.2.2　籽棉清理机

5.3　干燥机械

5.3.1　谷物烘干机

5.3.2　果蔬烘干机

5.3.3　油菜籽烘干机

5.4　种子加工机械

5.4.1　种子清选机

6.　农产品初加工机械

6.1　碾米机械

6.1.1　碾米机

6.1.2　组合米机

6.2　磨粉（浆）机械

6.2.1　磨粉机

6.2.2　磨浆机

6.3　果蔬加工机械

6.3.1　水果分级机

6.3.2　水果清洗机

6.3.3　水果打蜡机

6.3.4　蔬菜清洗机

6.4　茶叶加工机械

6.4.1　茶叶杀青机

6.4.2　茶叶揉捻机

6.4.3　茶叶炒（烘）干机

6.4.4 茶叶筛选机

6.4.5 茶叶理条机

6.5 剥壳（去皮）机械

6.5.1 玉米剥皮机

6.5.2 花生脱壳机

6.5.3 干坚果脱壳机

6.5.4 剥（刮）麻机

7. 农用搬运机械

7.1 运输机械

7.1.1 甘蔗田间收集搬运机

7.2 装卸机械

7.2.1 抓草机

8. 排灌机械

8.1 水泵

8.1.1 离心泵

8.1.2 潜水电泵

8.2 喷灌机械设备

8.2.1 喷灌机

8.2.2 微灌设备

8.2.3 灌溉首部（含灌溉水增压设备、过滤设备、水质软化设备、灌溉施肥一体化设备以及营养液消毒设备等）

9. 畜牧机械

9.1 饲料（草）加工机械设备

9.1.1 铡草机

9.1.2 青贮切碎机

9.1.3　揉丝机

9.1.4　压块机

9.1.5　饲料（草）粉碎机

9.1.6　饲料混合机

9.1.7　颗粒饲料压制机

9.1.8　饲料制备（搅拌）机

9.1.9　秸秆膨化机

9.2　饲养机械

9.2.1　孵化机

9.2.2　喂料机

9.2.3　送料机

9.2.4　清粪机

9.2.5　粪污固液分离机

9.3　畜产品采集加工机械设备

9.3.1　挤奶机

9.3.2　剪羊毛机

9.3.3　贮奶（冷藏）罐

10. 水产机械

10.1　水产养殖机械

10.1.1　增氧机

10.1.2　网箱养殖设备

11. 农业废弃物利用处理设备

11.1　废弃物处理设备

11.1.1　残膜回收机

11.1.2　沼液沼渣抽排设备

11.1.3　秸秆压块（粒、棒）机

11.1.4　病死畜禽无害化处理设备

12. 农田基本建设机械

12.1　平地机械

12.1.1　平地机（含激光平地机）

13. 设施农业设备

13.1　温室大棚设备

13.1.1　电动卷帘机

13.1.2　热风炉

13.1.3　加温系统（含燃油热风炉、热水加温系统）

13.1.4　水帘降温设备

14. 动力机械

14.1　拖拉机

14.1.1　轮式拖拉机（不含皮带传动轮式拖拉机）

14.1.2　手扶拖拉机

14.1.3　履带式拖拉机

15. 其他机械

15.1　养蜂设备

15.1.1　养蜂平台

15.2　其他机械

15.2.1　简易保鲜储藏设备

15.2.2　农业用北斗终端（含渔船用）

15.2.3　水井钻机

15.2.4　沼气发电机组

15.2.5　天然橡胶初加工专用机械

附件2:

__年度__县(市、旗、场)享受农机购置补贴的购机者信息表

序号	购机者			补贴机具							补贴资金	
	所在乡(镇)	所在村组	购机者姓名	机具品目	生产厂家	产品名称	购买机型	经销商	购买数量(台)	单台销售价格(元)	单台补贴额(元)	总补贴额(元)

关于继续实行农产品批发市场农贸市场
房产税城镇土地使用税优惠政策的通知

财税〔2016〕1号

各省、自治区、直辖市、计划单列市财政厅（局）、地方税务局，西藏、宁夏自治区国家税务局，新疆生产建设兵团财务局：

为贯彻落实《国务院办公厅关于促进内贸流通健康发展的若干意见》（国办发〔2014〕51号），进一步支持农产品流通体系建设，决定继续对农产品批发市场、农贸市场给予房产税和城镇土地使用税优惠。现将有关政策通知如下：

一、对专门经营农产品的农产品批发市场、农贸市场使用（包括自有和承租，下同）的房产、土地，暂免征收房产税和城镇土地使用税。对同时经营其他产品的农产品批发市场和农贸市场使用的房产、土地，按其他产品与农产品交易场地面积的比例确定征免房产税和城镇土地使用税。

二、农产品批发市场和农贸市场，是指经工商登记注册，供买卖双方进行农产品及其初加工品现货批发或零售交易的场所。农产品包括粮油、肉禽蛋、蔬菜、干鲜果品、水产品、调味品、棉麻、活畜、可食用的林产品以及由省、自治区、直辖市财税部门确定的其他可食用的农产品。

三、享受上述税收优惠的房产、土地，是指农产品批发市场、农贸市场直接为农产品交易提供服务的房产、土地。农产品批发市场、农贸市场的行政办公区、生活区，以及商业餐饮娱乐等非直接为农产品交易提供服务的房产、土地，不属于本通知规定的优惠范围，应按规定征收房产税和城镇土地使用税。

四、符合上述免税条件的企业需持相关材料向主管税务机关办理备案手续。

五、本通知自 2016 年 1 月 1 日至 2018 年 12 月 31 日执行。

财政部　国家税务总局
2016 年 1 月 13 日

关于加强农村留守老年人
关爱服务工作的意见

民发〔2017〕193 号

各省、自治区、直辖市民政厅（局）、公安厅（局）、司法厅（局）、财政厅（局）、人力资源社会保障厅（局）、文化厅（局）、卫生计生委、扶贫办、老龄办、新疆生产建设兵团民政局、公安局、司法局、财务局、人力资源社会保障局、文化局、卫生计生委、扶贫办、老龄办：

农村留守老年人问题是我国工业化、城镇化、市场化和经济社会发展的阶段性问题，是城乡发展不均衡、公共服务不均等、社会保障不完善等问题的深刻反映。农村留守老年人关爱服务是农村养老服务体系的重要组成部分。关爱服务体系的完善关乎广大农村留守老年人的晚年幸福生活，关系到脱贫攻坚的目标实现，关系到社会和谐稳定和全面建成小康社会大局。党中央、国务院高度重视农村留守老年人关爱服务工作，党的十九大报告明确要求加快建立健全农村留守老年人关爱服务体系。为贯彻落实党中央、国务院决策部署，进一步加强农村留守老年人关爱服务工作，现提出以下意见：

一、把握农村留守老年人关爱服务工作的总体要求

加强农村留守老年人关爱服务工作，要深入贯彻党的十九大精神和习近平新时代中国特色社会主义思想，以促进农村留守老年人安享幸福晚年生活为落脚点，着力完善关爱服务网络，提升关爱服

务能力，健全关爱服务体制机制，切实把握好四方面原则与要求：

一是明确职责、完善机制。强化家庭和子女在赡养、扶养留守老年人中的主体责任和法定义务，落实县乡两级政府在维护留守老年人权益中的基本职责，充分发挥老年人组织、村民互助服务组织、社会工作服务机构作用，建立健全家庭尽责、基层主导、社会协同、全民行动、政府支持保障的农村留守老年人关爱服务工作机制。

二是突出重点、强化服务。各地要加强资源统筹，以防范留守生活安全风险为重点内容，以经济困难家庭的高龄、失能留守老年人为重点对象，督促各方履行关爱职责，增强生活照料、精神慰藉、安全监护、权益维护等基本服务，防止冲击社会道德底线的问题发生。

三是因地制宜、改革创新。各地区要结合当地经济社会发展水平，结合当地人文风俗文化习惯，结合当地人口老龄化形势趋势，深入研究、开拓创新，积极探索有效管用的农村留守老年人关爱服务政策措施与实践模式。

四是加强统筹、综合施策。将农村留守老年人关爱服务体系纳入养老服务体系统筹设计，做好政策衔接；与城乡一体化、基本公共服务均等化和农业现代化发展相适应，与信息化、智能化等现代技术推广应用相同步，从城市和农村两端发力逐步解决农村老年人留守问题。

力争到 2020 年，农村留守老年人关爱服务工作机制和基本制度全面建立，关爱服务体系初步形成，关爱服务普遍开展，养老、孝老、敬老的乡村社会氛围更加浓厚，农村贫困留守老年人全部脱贫。

二、强化家庭在农村留守老年人赡养与关爱服务中的主体责任

家庭是农村留守老年人赡养和关爱服务的责任主体。子女或其他赡养人要依法履行对老年人经济上供养、生活上照料和精神上慰藉的义务，扶养人要依法履行扶养义务。子女或其他赡养人、扶养人应当经常看望或者问候留守老年人，不得忽视、冷落老年人。支持家族成员和亲友对留守老年人给予生活照料和精神关爱，鼓励邻里乡亲为留守老年人提供关爱服务，避免让生活不能自理的老年人单独居住生活。在尊重老年人意愿的前提下，赡养义务人可与亲属或其他人签订委托照顾协议，相关情况应向村民委员会报备。提高子女或其他赡养人的守法意识，增强村规民约对家庭赡养义务人的道德约束，发挥孝亲敬老典型的示范引导作用。对赡养人、扶养人不履行赡养、扶养义务的，村民委员会、老年人组织或者赡养人、扶养人所在单位应当监督其履行；情节严重的，相关执法部门要依法追究其法律责任。

三、发挥村民委员会在农村留守老年人关爱服务中的权益保障作用

村民委员会要在县乡两级政府的统筹协调和组织引导下，加强留守老年人关爱服务工作。协助做好辖区内留守老年人基本信息摸查；以电话问候、上门访问等方式，定期探访留守老年人，及时了解留守老年人生活情况，将存在安全风险和生活困难的留守老年人作为重点帮扶对象，村民委员会要及时通知并督促其子女和其他家庭成员予以照顾，同时报告乡镇人民政府。将关爱服务纳入村规民约，推动形成孝敬父母、尊重老人、互帮互助、邻里相亲的良好乡村社会风尚。鼓励乡贤人士、社

会爱心企业和个人资助开展留守老年人关爱服务。

四、发挥为老组织和设施在农村留守老年人关爱服务中的独特作用

增强农村老年协会对留守老年人的关爱服务能力。支持乡镇、村建立老年协会或其他老年人组织，鼓励留守老年人入会互助养老。鼓励和引导农村老年协会积极参与和组织留守老年人关爱服务，开展老年人喜闻乐见的文体娱乐、教育培训、知识讲座等活动，提供权益维护、互助养老等服务。鼓励各地将农村互助幸福院等养老服务设施委托交由老年协会等社会力量运营管理，面向留守老年人提供服务，把具备资质的老年协会纳入政府购买服务承接主体。

发挥农村特困人员供养服务机构和养老服务设施在留守老年人关爱服务中的重要作用。鼓励有条件的农村特困人员供养服务机构在满足特困人员集中供养需求的基础上，发挥辐射功能，为经济困难家庭的高龄、失能留守老年人提供服务。持续推进农村互助幸福院建设，有条件的地方，可将日常运行维护费用纳入财政预算支持范围。

发挥农村各类公共服务设施在留守老年人关爱服务中的支持作用。支持农村卫生服务中心提升服务能力，拓展服务范围，为农村留守老年人提供健康管理、基本医疗和长期护理服务。支持农村综合性文化服务中心、农村社区综合服务设施、老年学校、党员活动室等公共服务设施建设，鼓励各有关部门和组织下沉基层的公共服务项目面向留守老年人开展服务。

五、促进社会力量广泛参与留守老年人关爱服务

广泛开展关爱农村留守老年人志愿服务。鼓励农村基层组

织组建志愿者队伍，为志愿服务活动开展提供场所和其他便利条件，完善志愿服务信息网络，建立健全农村志愿服务体系。引导城市和农村志愿者和志愿服务组织为留守老年人提供内容丰富、形式多样、符合需要的志愿服务。鼓励低龄健康老年人为高龄、失能留守老年人提供力所能及的志愿服务，探索建立志愿服务互助循环机制。

探索推动社会工作专业力量参与留守老年人关爱服务。加大农村社会工作专业人才培养力度，支持农村基层组织、为老服务组织根据需要配备使用社会工作专业人才。发挥社会工作人文关怀、助人自助的专业优势，通过设立社会工作站点、政府购买服务等方式，及时为留守老年人提供心理疏导、情绪疏解、精神慰藉、代际沟通、家庭关系调适、社会融入等服务。

支持社会组织为留守老年人提供关爱服务。落实税费减免等优惠政策，加快孵化培育专业化为老社会服务机构，提升其开展农村留守老年人安全防护、生活照料、紧急援助、康复护理等专业服务的能力。鼓励农村经济合作社、农村电商组织等其他社会力量参与关爱留守老年人。

六、加强政府对农村留守老年人关爱服务的支持保障

加强组织领导。各地要建立健全党委领导下的政府支持保障、部门协同配合、群团组织积极参与、村民委员会和老年协会发挥骨干作用、社会力量广泛参与的农村留守老年人关爱服务工作机制。各级老龄工作委员会、养老服务业发展领导小组要将农村留守老年人关爱服务纳入统筹指导范围，推进留守老年人关爱服务与老龄工作、养老服务协调发展。鼓励各地建立健全工作考核、责任追究和奖惩机制。

明确职责分工。公安部门要依法严厉打击侵害留守老年人合法权益的违法犯罪行为，督促、指导乡镇政府落实农村为老设施的消防设施器材建设、日常消防安全管理和老年人消防安全宣传教育工作。民政部门牵头做好工作协调，培养壮大农村养老服务和社会工作专业人才队伍，加强农村养老服务设施建设，将农村留守老年人关爱服务体系纳入农村养老服务体系统筹考虑。司法行政部门要做好法治宣传教育工作，依法为留守老年人提供法律援助服务。财政部门要积极支持农村留守老年人关爱服务工作，完善政府购买服务制度。人力资源社会保障部门要建立健全覆盖城乡居民基本养老保险、基本医疗保险等社会保障公共服务体系，逐步提升社会保障水平。文化部门要依托基层综合性文化服务中心，为农村留守老年人提供丰富多彩的文化服务，丰富老年人精神文化生活。卫生计生部门要落实基本公共卫生服务项目，为 65 岁以上农村留守老年人提供健康管理服务，会同民政等部门推进医养结合工作。扶贫部门要落实脱贫攻坚政策，支持做好贫困留守老年人脱贫工作。老龄工作机构要统筹协调留守老年人关爱工作，培育和发展老年协会，做好留守老年人权益维护，加强孝亲敬老社会宣传与人口老龄化国情教育。

加强资源支持。地方各级财政要优化和调整支出结构，支持做好留守老年人关爱服务工作。鼓励有条件的地区通过购买服务形式开展留守老年人关爱服务。不断完善基本医疗、基本养老、社会救助、社会福利等社会保障制度，落实相关社会保障政策，切实维护农村留守老年人基本权益。坚持应扶尽扶，精准识别农村贫困人口，将符合条件的农村留守老年人全部纳入建档立卡范围，给予政策扶持，帮助其脱贫增收。鼓励有条件的地区统筹辖区为老服务资源，探索建立留守老年人关爱服务清单制度，定期梳理并发布留守老年人关爱服务项目内容和资源获取渠道。鼓励有条件的地区将村集体收入按一定比例用于农村留守老年人关爱服务。支持利用移动互联网、物联网等现代科学技术，依托城乡社区为老服务设施，为留守老年人获取有关服务以及与其外出工作子女亲情交流等，搭建高效、便捷、适用的智能服务网络平台。

建立信息台账与定期探访制度。建立信息共享和动态管理的农村留守老年人信息台账。乡镇政府要定期组织排查，对农村留守老年人进行摸底，掌握辖区农村留守老年人的家庭结构、经济来源、健康状况、照料情况、存在困难问题等动态信息；重点排查经济困难家庭的高龄、失能留守老年人，做到精准到村、到户、到人。省市县级层面要掌握辖区留守老年人的数量规模、基本分布、主要特征等总体信息。以县为单位，由乡镇人民政府统筹指导，由村民委员会协助实施，建立农村留守老年人定期探访制度，及时了解或评估农村留守老年人生活情况、家庭赡养责任落实情况，将相关信息及时更新到留守老年人信息台账，并为留守老年人提供相应援助服务。有条件的地区可探索建立留守老年人风险评估制度，制定风险等级标准，对风险等级高的留守老年人及时进行干预，实施关爱救助。

做好宣传引导。及时研究总结与宣传推广各地农村留守老年人关爱服务实践先进经验。大力宣扬积极老龄化理念，倡导健康生活理念，开展健康生活知识教育，引导留守老年人保持身心健康。加强《中华人民共和国老年人权益保障法》等法律法规宣传，提高子女或其他赡养人守法意识，督促落实赡养义务；加强孝亲敬老传统美德宣传，形成互帮互助、助老爱老的良好风尚，营造全社会正确对待、积极接纳、关心关爱留守老年人的友好环境。

各省（自治区、直辖市）民政部门要主动会同有关部门根据此意见，结合当地实际，抓紧制定和出台具体实施意见或实施细则，加快建立和完善农村留守老年人关爱服务制度。

民政部　公安部　司法部
财政部　人力资源社会保障部
文化部　卫生计生委
国务院扶贫办　全国老龄办
2017 年 12 月 28 日

关于在农村留守儿童关爱保护中发挥
社会工作专业人才作用的指导意见

民发〔2017〕126 号

各省、自治区、直辖市民政厅（局）、教育厅（教委）、财政厅（局）、团委、妇联；新疆生产建设兵团民政局、教育局、财务局、团委、妇联：

社会工作专业人才是开展农村留守儿童关爱保护的新兴力量，在回应农村留守儿童心理社会服务需求、促进农村留守儿童全面健康成长中具有积极作用。为贯彻落实《国务院关于加强农村留守儿童关爱保护工作的意见》（国发〔2016〕13 号）、《国务院关于加强困境儿童保障工作的意见》（国发〔2016〕36 号）和《国务院关于印发"十三五"脱贫攻坚规划的通知》（国发〔2016〕64 号）有关精神要求，现就在农村留守儿童关爱保护中发挥社会工作专业人才作用，提出如下指导意见：

一、推动社会工作专业人才在农村留守儿童关爱保护中发挥作用的指导原则

一是引导家庭尽责。立足完善家庭功能、促进家庭融合、推动家庭尽责，引导和督促农村留守儿童父母或受委托监护人履行抚养监护主体责任，弘扬倡导良好家风家教，形成有利于留守儿童健康成长的家庭环境。

二是充实基层力量。在基层党委政府的领导和基层组织的支持下，引导社会工作专业人才深入乡镇（街道）和农村社区，

充实基层农村留守儿童关爱保护工作力量，协助解决农村留守儿童在生活、监护、成长过程中遇到的困难与问题。

三是注重因地制宜。从各地农村留守儿童关爱保护工作需要和社会工作发展实际出发，充分考虑区域差异，因地制宜确定社会工作专业人才参与农村留守儿童关爱保护的范围、程度和方式，确保其有序参与农村留守儿童关爱保护工作。

四是强化专业作用。培育发展社会工作专业人才队伍和服务机构，推广应用社会工作专业人才参与农村留守儿童关爱保护的经验模式，发挥社会工作专业人才的专业优势，促进提升农村留守儿童关爱保护工作成效。

二、明确社会工作专业人才在农村留守儿童关爱保护中的主要任务

（一）协助做好救助保护工作。协助开展农村留守儿童家庭随访，对农村留守儿童的家庭组成、监护照料、入学就学、身心健康等情况进行调查评估，对重点对象进行核查，确保农村留守儿童得到妥善照料。及时发现报告遭受或者疑似遭受家庭暴力或其他受虐行为，协助做好应急处置工作。协助做好对无人监护或遭受监护侵害农村留守儿童的心理疏导、精神关爱和临时监护照料工作。帮助农村留守儿童及其家庭链接社会救助、社会福利和公益慈善资源，引导公益慈善力量、相关社会组织和志愿者等社会力量为农村留守儿童及其家庭提供物质帮助和关爱服务。

（二）配合开展家庭教育指导。协助开展农村留守儿童监护法制宣传和家庭暴力预防教育，对农村留守儿童父母、受委托监护人开展家庭教育指导，引导其正确履行抚养义务和监护职责。

配合调解农村留守儿童家庭矛盾，促进建立和谐家庭关系，为隔代照顾家庭提供代际沟通、关系调适和能力建设服务。引导外出务工家长关心留守儿童，增进家庭亲情关爱，帮助农村留守儿童通过电话、视频等方式加强与父母的情感联系和亲情交流。

（三）积极开展社会关爱服务。协助中小学校和农村社区做好安全教育，帮助农村留守儿童增强防范不法侵害的意识、掌握预防意外伤害的安全常识。协助做好农村留守儿童心理健康教育，及早发现并纠正心理问题，提供心理援助、成长陪伴和危机干预服务，疏导心理压力和负面情绪，促进农村留守儿童心理、人格健康发展。提供社会融入服务，增强农村留守儿童社会交往和社会适应能力。协助做好农村留守儿童不良行为临界预防，对有不良行为的留守儿童实施早期介入和行为干预，帮助其纠正偏差行为。

三、以留守儿童关爱保护为重点，加大农村地区社会工作专业人才培养使用力度

（一）加强社会工作专业人才培养。加强区域和城乡统筹，鼓励城市相关事业单位、高校科研机构、社会组织和街道社区中的社会工作专业人才通过对口支援、实习实训、提供培训督导等方式支持农村地区社会工作专业人才队伍建设。逐步将乡镇（街道）民政助理员、村"两委"成员、家庭关系调解员、儿童福利督导员、未成年人保护专干、基层青少年事务工作者、基层团干部、基层妇女干部等纳入相关部门社会工作培训范围、接受继续教育和职业培训，推动符合条件人员参加全国社会工作者职业水平评价和社会工作学历学位教育，提升专业能力。县级民政部门要推动乡镇党委政府从有志于扎根奉献农村、具

有高中（职高）以上学历的中青年人员、各类妇女骨干中培养选拔一支用得上、留得住的农村本地社会工作专业人才队伍，壮大农村基层社会工作力量。

（二）积极培育发展社会工作服务机构。加快发展以农村留守儿童为重点服务对象的社会工作服务机构。未成年人保护机构和儿童福利机构可以通过免费提供场所、开展项目合作等方式孵化社会工作服务机构，延伸农村留守儿童关爱保护臂力。

（三）推进乡镇（街道）社会工作服务站点建设。县级民政部门要指导乡镇（街道）将社会工作专业人才作为充实基层农村留守儿童关爱保护工作力量的重要手段，推动在农村留守儿童集中的乡镇依托民政事务办公室、农村社区综合服务设施或妇女之家、儿童之家、青少年综合服务平台等现有综合服务设施设立社会工作站（室）。通过由具备社会工作教育培训背景的基层工作人员任职、公开招聘、委托社会工作服务机构运营等方式配备社会工作专业服务团队，在乡镇（街道）党委政府的领导下采取定点服务、巡回服务等方式为乡镇（街道）辖区内农村留守儿童提供服务。

（四）加强相关单位社会工作专业人才配备使用。各地民政部门要推动未成年人保护机构、儿童福利机构、救助管理机构通过开发设置岗位、购买服务等方式配备使用社会工作专业人才。未成年人保护机构和儿童福利机构可根据需要将社会工作专业岗位明确为主体专业技术岗位。各地教育部门和共青团、妇联组织要鼓励中小学校、青少年服务机构、妇女儿童服务机构根据工作需要设置社会工作专业岗位，配备使用社会工作专业人才。

四、加强对社会工作专业人才在农村留守儿童关爱保护中发挥作用的组织保障

（一）加强组织领导。各地各有关部门要高度重视在农村留守儿童关爱保护中发挥社会工作专业人才作用，加强协调联动，完善政策措施，健全工作机制，确保工作实效。民政部门要发挥牵头协调作用，加快发展农村地区社会工作专业人才队伍，将发挥社会工作专业人才作用纳入农村留守儿童关爱保护制度安排，作为加强和充实基层民政工作力量的重要举措。教育部门要支持社会工作专业人才在农村中小学校、幼儿园发挥作用，为在校留守儿童提供相关社会工作服务。财政部门要加大农村社会工作专业人才队伍建设和农村留守儿童社会工作服务支持力度。共青团组织要加强农村地区青少年事务社会工作专业人才培养使用，支持开展相关社会工作服务。妇联组织要在农村基层妇联组织和相关单位中配备使用社会工作专业人才，支持开展相关社会工作服务。

（二）强化保障措施。民政部将通过社会组织参与社会服务项目、社会工作专业人才服务"三区"计划、城乡社会工作服务机构"牵手计划"等方式，为各地探索在农村留守儿童关爱保护中发挥社会工作专业人才作用提供支持。各地各有关部门要推动将由政府提供且适宜社会承担的农村留守儿童关爱保护工作纳入政府购买服务指导性目录，落实《国务院办公厅关于政府向社会力量购买服务的指导意见》（国办发〔2013〕96号）、《民政部 财政部关于政府购买社会工作服务的指导意见》（民发〔2012〕196号）精神，统筹使用相关渠道资金，通过政府购买服务方式支持社会工作服务机构协助开展信息收集、监

护情况调查评估等农村留守儿童关爱保护工作。

（三）加强宣传引导。各地各有关部门要按照试点先行、示范带动、整体推进的思路，选择一批农村留守儿童数量较多、服务需求较大的地区和单位先行开展试点，积累经验、探索模式、创新方法，取得实实在在的成效。在试点基础上创建一批示范地区和单位，发挥其辐射带动作用，由点及面推动社会工作专业人才广泛参与农村留守儿童关爱保护工作。要及时总结提炼社会工作专业人才介入农村留守儿童关爱保护工作的实践经验，广泛宣传先进典型和成熟做法，提高社会认知、扩大社会共识，影响带动更多地方和单位支持社会工作专业人才在农村留守儿童关爱保护中发挥作用。

社会工作专业人才服务农村困境儿童相关工作参照农村留守儿童关爱保护工作开展。

民政部　教育部　财政部
共青团中央　全国妇联
2017 年 7 月 17 日

中国传统村落警示和退出
暂行规定（试行）

住房城乡建设部办公厅等部门关于印发《中国传统村落警示和退出暂行规定（试行）》的通知

建办村〔2016〕55 号

各省、自治区、直辖市住房城乡建设厅（建委）、文化厅（局）、文物局、财政厅（局）、国土资源厅（局）、农业（农牧、农村经济）厅（局、委）、旅游委（局）：

根据《关于切实加强中国传统村落保护的指导意见》（建村〔2014〕61 号）要求，为完善中国传统村落名录制度，切实加强中国传统村落保护，经研究，制定《中国传统村落警示和退出暂行规定（试行）》，现印发给你们，请遵照执行。

执行中的情况和问题请及时反馈住房城乡建设部。

中华人民共和国住房和城乡建设部办公厅
中华人民共和国文化部办公厅

国家文物局办公室

财政部办公厅

国土资源部办公厅

中华人民共和国农业部办公厅

国家旅游局办公室

2016 年 11 月 3 日

第一章 总 则

第一条 为加强中国传统村落保护工作，根据《关于切实加强中国传统村落保护的指导意见》（建村〔2014〕61 号）关于建立中国传统村落退出机制的要求，制定本规定。

第二条 本规定适用于经住房城乡建设部等部门评审认定列入《中国传统村落名录》的村落（以下简称"村落"）。

第三条 本规定中警示是指住房城乡建设部会同相关部门对因保护不力、造成村落文化遗产保护价值严重损害的情形提出警告。退出是指将失去保护价值的村落从已公布的《中国传统村落名录》中予以除名。

第四条 住房城乡建设部会同相关部门共同开展中国传统村落警示和退出工作。

第二章 警 示

第五条 列入《中国传统村落名录》的村落存在以下情况之一的，应予警示：

（一）保护范围内传统建筑遭到严重破坏，造成村落保护价值比申报时大幅下降的；

（二）传统格局或整体风貌与申报时相比出现较大程度破坏，但仍具备一定保护价值的；

（三）重要历史环境要素与申报时相比破坏严重，对村落保护造成重大影响的；

（四）传统文化或非物质文化遗产几近消失，对文化传承造成严重影响的；

（五）空心化极其严重，对村落活态传承造成严重影响的；

（六）列入《中国传统村落名录》后，自公布之日起一年以上未启动保护工作的；

（七）列入《中国传统村落名录》后，自公布之日起两年内未编制完成村落保护发展规划及未建立传统村落档案的；

（八）未按照住房城乡建设部等部门督查要求进行整改的。

第六条　中国传统村落警示依照警示立案、警示通报、整改验收、警示撤销的程序。

第七条　警示调查立案应依据可靠来源。对于传统村落保护工作检查中发现应予警示的，可直接由住房城乡建设部等部门正式立案。对单位或个人实名举报的，住房城乡建设部等部门组织专家依据村落申报材料、村落档案、保护发展规划等进行现场核查，情况属实的，由住房城乡建设部等部门正式立案。

第八条　对于正式立案拟发出警示的村落，应明确需要核查的内容。住房城乡建设部等部门组织中国传统村落保护与发展专家委员会及工作组专家赴现场核查。现场核查应对损害进行评估，形成现场核查报告（附有关图片、影音和相关文件资料），并提出是否发出警示的建议。

第九条 住房城乡建设部会同相关部门依据专家现场核查结果，对存在第五条所列情况之一的，发出公开警示通报，明确整改要求和整改期限。整改期限一般不超过 6 个月。

第十条 省级相关部门对本省受警示村落的整改工作负总责，组织成立有中国传统村落专家委员会专家参与的省级专家组指导具体整改工作，并向住房城乡建设部等部门报整改情况。

第十一条 县级住房城乡建设等部门负责具体整改工作。整改到期前，按期完成整改的村落所在县住房城乡建设部门应向省级住房城乡建设部门提交村落整改情况报告，并提出整改验收申请。未按期完成整改的，村落所在县住房城乡建设部门可向省级住房城乡建设部门申请 1 次不超过 6 个月的延期验收。

第十二条 省级住房城乡建设部门负责组织专家进行初步验收。通过验收的，将村落整改情况报告和省级验收报告上报住房城乡建设部。对按期完成整改未通过验收的，可申请 1 次不超过 6 个月的延期验收。

第十三条 申请延期验收的，需经省级住房城乡建设等部门审核，报住房城乡建设部批准。

第十四条 住房城乡建设部等部门组织专家根据省级上报材料对申请整改验收的村落进行现场复核，逐项核对整改事项，形成现场验收报告，并提出警示撤销或退出建议。

第十五条 对已经逐项落实整改要求，原有破坏情况消除的村落，经住房城乡建设部等部门认定后，撤销警示，必要时提出后续整改要求，结果通报省级相关部门。

第三章 退 出

第十六条 发出警示后存在以下情况之一的，应予退出：

（一）自发出警示之日起 6 个月内未做整改的；

（二）按期整改后达不到整改预期效果，且拒绝继续整改的，或整改到期后既不提交验收申请也不申请延期的；

（三）延期整改后仍达不到整改预期效果的以及延期整改到期后不提交整改验收申请的。

第十七条 存在以下情况之一的，直接予以退出：

（一）申请列入《中国传统村落名录》的申报材料不真实，与实际情况严重不符的；

（二）整村撤并的或整体迁出原住民后搞旅游景区景点整体经营开发的；

（三）因不可抗力等自然因素造成村落严重损毁，已失去保护价值的；

第十八条 中国传统村落退出依照立案、核实、公布的程序。

第十九条 存在本规定第十六条情况之一的，住房城乡建设部等部门按退出立案；存在本规定第十七条情况之一的，住房城乡建设部等部门组织专家依据村落申报材料、村落档案、保护发展规划等进行核实，情况属实的按退出立案。

第二十条 对正式立案的村落，住房城乡建设部等部门组织中国传统村落保护与发展专家委员会及工作组专家赴现场核查，依据需核查内容逐项进行核实，形成现场核查报告（附有关图片、影音和相关文件资料)。

第二十一条 住房城乡建设部会同相关部门依据专家现场核查结果,经认定情况属实的,向村落所在省级住房城乡建设等部门,市(地、州)、县(市、区)人民政府以及村委会等通报退出处理结果,并向社会公布。

第四章 附 则

第二十二条 省级传统村落警示和退出可参照本规定执行。本规定由住房城乡建设部等部门负责解释,自公布之日起执行。

附 录

住房城乡建设部、文化部、国家文物局、财政部关于切实加强中国传统村落保护的指导意见

建村〔2014〕61号

各省、自治区、直辖市住房城乡建设厅（建委，北京市农委）、文化厅（局）、文物局、财政厅（局）：

传统村落传承着中华民族的历史记忆、生产生活智慧、文化艺术结晶和民族地域特色，维系着中华文明的根，寄托着中华各族儿女的乡愁。但是，近一个时期以来，传统村落遭到破坏的状况日益严峻，加强传统村落保护迫在眉睫。为贯彻落实党中央、国务院关于保护和弘扬优秀传统文化的精神，加大传统村落保护力度，现提出以下意见：

一、指导思想、基本原则和主要目标

（一）指导思想。以党的十八大、十八届三中全会精神为指导，深入贯彻落实中央城镇化工作会议、中央农村工作会议、全国改善农村人居环境工作会议精神，遵循科学规划、整体保护、传承发展、注重民生、稳步推进、重在管理的方针，加强

传统村落保护，改善人居环境，实现传统村落的可持续发展。

（二）基本原则。坚持因地制宜，防止千篇一律；坚持规划先行，禁止无序建设；坚持保护优先，禁止过度开发；坚持民生为本，反对形式主义；坚持精工细作，严防粗制滥造；坚持民主决策，避免大包大揽。

（三）主要目标。通过中央、地方、村民和社会的共同努力，用3年时间，使列入中国传统村落名录的村落（以下简称中国传统村落）文化遗产得到基本保护，具备基本的生产生活条件、基本的防灾安全保障、基本的保护管理机制，逐步增强传统村落保护发展的综合能力。

二、主要任务

（一）保护文化遗产。保护村落的传统选址、格局、风貌以及自然和田园景观等整体空间形态与环境。全面保护文物古迹、历史建筑、传统民居等传统建筑，重点修复传统建筑集中连片区。保护古路桥涵垣、古井塘树藤等历史环境要素。保护非物质文化遗产以及与其相关的实物和场所。

（二）改善基础设施和公共环境。整治和完善村内道路、供水、垃圾和污水治理等基础设施。完善消防、防灾避险等必要的安全设施。整治文化遗产周边、公共场地、河塘沟渠等公共环境。

（三）合理利用文化遗产。挖掘社会、情感价值，延续和拓展使用功能。挖掘历史科学艺术价值，开展研究和教育实践活动。挖掘经济价值，发展传统特色产业和旅游。

（四）建立保护管理机制。建立健全法律法规，落实责任义务，制定保护发展规划，出台支持政策，鼓励村民和公众参与，建立档案和信息管理系统，实施预警和退出机制。

三、基本要求

（一）保持传统村落的完整性。注重村落空间的完整性，保持建筑、村落以及周边环境的整体空间形态和内在关系，避免"插花"混建和新旧村不协调。注重村落历史的完整性，保护各个时期的历史记忆，防止盲目塑造特定时期的风貌。注重村落价值的完整性，挖掘和保护传统村落的历史、文化、艺术、科学、经济、社会等价值，防止片面追求经济价值。

（二）保持传统村落的真实性。注重文化遗产存在的真实性，杜绝无中生有、照搬抄袭。注重文化遗产形态的真实性，避免填塘、拉直道路等改变历史格局和风貌的行为，禁止没有依据的重建和仿制。注重文化遗产内涵的真实性，防止一味娱乐化等现象。注重村民生产生活的真实性，合理控制商业开发面积比例，严禁以保护利用为由将村民全部迁出。

（三）保持传统村落的延续性。注重经济发展的延续性，提高村民收入，让村民享受现代文明成果，实现安居乐业。注重传统文化的延续性，传承优秀的传统价值观、传统习俗和传统技艺。注重生态环境的延续性，尊重人与自然和谐相处的生产生活方式，严禁以牺牲生态环境为代价过度开发。

四、保护措施

（一）完善名录。继续开展补充调查，摸清传统村落底数，抓紧将有重要价值的村落列入中国传统村落名录。做好村落文化遗产详细调查，按照"一村一档"要求建立中国传统村落档案。统一设置中国传统村落的保护标志，实行挂牌保护。

（二）制定保护发展规划。各地要按照《城乡规划法》以及

《传统村落保护发展规划编制基本要求》（建村〔2013〕130号）抓紧编制和审批传统村落保护发展规划。规划审批前应通过住房城乡建设部、文化部、国家文物局、财政部（以下简称四部局）组织的技术审查。涉及文物保护单位的，要编制文物保护规划并履行相关程序后纳入保护发展规划。涉及非物质文化遗产代表性项目保护单位的，要由保护单位制定保护措施，报经评定该项目的文化主管部门同意后，纳入保护发展规划。

（三）加强建设管理。规划区内新建、修缮和改造等建设活动，要经乡镇人民政府初审后报县级住房城乡建设部门同意，并取得乡村建设规划许可，涉及文物保护单位的应征得文物行政部门的同意。严禁拆并中国传统村落。保护发展规划未经批准前，影响整体风貌和传统建筑的建设活动一律暂停。涉及文物保护单位区划内相关建设及文物迁移的，应依法履行报批手续。传统建筑工匠应持证上岗，修缮文物建筑的应同时取得文物保护工程施工专业人员资格证书。

（四）加大资金投入。中央财政考虑传统村落的保护紧迫性、现有条件和规模等差异，在明确各级政府事权和支出责任的基础上，统筹农村环境保护、"一事一议"财政奖补及美丽乡村建设、国家重点文物保护、中央补助地方文化体育与传媒事业发展、非物质文化遗产保护等专项资金，分年度支持中国传统村落保护发展。支持范围包括传统建筑保护利用示范、防灾减灾设施建设、历史环境要素修复、卫生等基础设施完善和公共环境整治、文物保护、国家级非物质文化遗产代表性项目保护。调动中央和地方两个积极性，鼓励地方各级财政在中央补助基础上加大投入力度。引导社会力量通过捐资捐赠、投资、入股、租赁等方式参与保护。探索建立传统建筑认领保护制度。

（五）做好技术指导。四部局制定全国传统村落保护发展规划，组织保护技术开发研究、示范和技术指南编制工作，组织培训和宣传教育。省级住房城乡建设、文化、文物、财政部门（以下简称省级四部门）做好本地区的技术指导工作，成立省级专家组并报四部局备案。每个中国传统村落要确定一名省级专家组成员，参与村内建设项目决策，现场指导传统建筑保护修缮等。

五、组织领导和监督管理

（一）明确责任义务。四部局按照职责分工共同开展传统村落保护工作，公布中国传统村落名录，制定保护发展政策和支持措施，组织、指导和监督保护发展规划的编制和实施、非物质文化遗产保护和传承、文物保护和利用，会同有关部门审核、下达中央财政补助资金。

省级四部门负责本地区的传统村落保护发展工作，编制本地区传统村落保护发展规划，制定支持措施。地市级人民政府负责编制本地区传统村落保护整体实施方案，制定支持措施，建立健全项目库。县级人民政府对本地区的传统村落保护发展负主要责任，负责传统村落保护项目的具体实施。乡镇人民政府要配备专门工作人员，配合做好监督管理。

村集体要根据保护发展规划，将保护要求纳入村规民约，发挥村民民主参与、民主决策、民主管理、民主监督的主体作用。村两委主要负责人要承担村落保护管理的具体工作，应成为保护发展规划编制组主要成员。传统建筑所有者和使用者应当按规划要求进行维护和修缮。

（二）建立保护管理信息系统。四部局建立中国传统村落保护管理信息系统，登记村落各类文化遗产的数量、分布、现状等情况，记录文化遗产保护利用、村内基础设施整治等项目的实施情况。推动建立健全项目库，为传统村落保护项目选择、组织实施、考核验收和监督管理奠定基础。

（三）加强监督检查。四部局组织保护工作的年度检查和不定期抽查，通报检查结果并抄送省级人民政府。省级四部门要组织开展本地区的检查，并于每年2月底前将上年度检查报告报送四部局。四部局将利用中国传统村落保护管理信息系统和中国传统村落网站公开重要信息，鼓励社会监督。项目实施主体应公开项目内容、合同和投资额等，保障村民参与规划、建设、管理和监督的权利。

（四）建立退出机制。村落文化遗产发生较严重破坏时，省级四部门应向村落所在县级人民政府提出濒危警示通报。破坏情况严重并经四部局认定不再符合中国传统村落入选条件的，四部局将该村落从中国传统村落名录予以除名并进行通报。

六、中央补助资金申请、核定与拨付

中央补助资金申请原则上以地级市为单位。省级四部门汇总初审后向四部局提供如下申请材料：申请文件、各地级市整体实施方案（编制要求见附件1）、本地区项目需求汇总表（格式见附件2）、传统村落保护发展规划。相关专项资金管理办法有明确要求的，应当同时按照要求另行上报。2014年申请中央补助的地区，省级四部门应于5月20日前完成报送工作。

四部局根据各地申请材料，研究确定纳入支持的村落范围，结合有关专项资金年度预算安排和项目库的情况，核定各地补助资金额度，并按照原专项资金管理办法下达资金。各地要按照资金原支持方向使用资金，将中央补助资金用好用实用出成效。

附件：1. 地级市传统村落保护整体实施方案编制要求（略）
2. 项目需求表格式（略）

中华人民共和国住房和城乡建设部

中华人民共和国文化部

国家文物局

中华人民共和国财政部

2014 年 4 月 25 日

"四好农村路" 督导考评办法

交通运输部关于印发
《"四好农村路"督导考评办法》的通知
交公路发〔2017〕11 号

各省、自治区、直辖市、新疆生产建设兵团交通运输厅（局、委）：

现将《"四好农村路"督导考评办法》印发给你们，请遵照执行，有关情况及时报部。

交通运输部
2017 年 1 月 18 日

第一章　总　则

第一条　为进一步把农村公路建好、管好、护好、运营好，建立健全督导考评体系，根据《中华人民共和国公路法》、

《公路安全保护条例》、《道路运输条例》、《农村公路建设管理办法》、《农村公路养护管理办法》等法律法规规章，制定本办法。

第二条 本办法适用于对中央确定的农村公路发展任务，以及部、省、市、县确定相关任务、目标和主要政策落实情况的督导考评工作。

第三条 督导考评应当遵循科学评价、突出重点、奖优罚劣的原则。

第四条 督导考评实行逐级督导考评制，原则上分为部、省、市、县四个级。

部级督导考评对象为省级交通运输主管部门，省级督导考评对象为市级交通运输主管部门或县级交通运输主管部门，市级督导考评对象为县级交通运输主管部门，县级督导考评对象为乡道、村道的管理单位。

第五条 交通运输部负责部级督导考评的组织实施，指导全国督导考评工作。

省级交通运输主管部门负责省级督导考评的组织实施，协助、配合部级督导考评工作，监督指导本辖区督导考评工作。

省级以下督导考评规则由省级交通运输主管部门制定。

第六条 各级交通运输主管部门应当定期开展督导考评工作，突出目标导向和结果导向，推动重点任务完成和政策落实，强化行业管理，不断提升"四好农村路"服务"三农"和脱贫攻坚的能力和水平。

第七条 各级交通运输主管部门应当积极将"四好农村路"工作纳入地方政府目标考核体系。

第二章　督导考评内容

第八条　部级督导考评内容包括中央年度任务落实情况、政策法规保障情况，以及农村公路建设、管理、养护、运营等方面。

省级及以下督导考评内容由各级交通运输主管部门在上级督导考评内容基础上，结合本地区实际确定。

第九条　中央年度任务落实以任务分解、监督实施、督促整改为考评重点，主要包括中央一号文件、国务院政府工作报告和部确定的"四好农村路"年度工作任务等。

第十条　政策法规保障考评以国家政策落实和相关制度制定情况为考评重点，主要包括以下几个方面：

（一）"四好农村路"相关法律法规规章落实情况。

（二）省级"四好农村路"法规和规章制定情况。

（三）争取省级政府出台"四好农村路"支持政策和纳入地方政府绩效考核情况。

（四）"四好农村路"工作安排部署、组织推动、示范县创建和政策激励等情况。

第十一条　"建设好"以资金投入和行业管理等为考评重点，主要包括以下几个方面：

（一）建设资金筹集、建设任务落实和服务农村经济社会发展情况。

（二）生命安全防护和危桥改造工程开展情况。

（三）行业监督管理和基本建设程序规范情况，建设质量管理的制度体系完善情况，整改措施落实和建设标准、质量达标等情况。

（四）"三同时""七公开"制度落实情况。

第十二条 "管理好"以机构人员配备、路产保护和路域治理等为考评重点，主要包括以下几个方面：

（一）县、乡农村公路管理机构和村级议事机制完善情况，管理机构和人员经费纳入地方政府财政预算情况。

（二）路政、运政行业管理情况。

（三）路产路权保护的部署和落实情况，推进超载超限治理、用地确权等情况，爱路护路乡规民约、村规民约制定和执行情况。

（四）路域环境治理情况，"路田分家"、"路宅分家"情况。

第十三条 "养护好"以资金保障、养护工程开展、路况水平和行业管理等为考评重点，主要包括以下几个方面：

（一）《农村公路养护管理办法》规定的养护资金相关政策落实情况。

（二）列养率和大中修工程开展情况，优、良、中等路率目标完成情况。

（三）路况检测、评定和决策科学化情况，养护台账情况。

（四）养护管理规范化、市场化、专业化情况。

第十四条 "运营好"以客货运发展情况为考评重点，主要包括以下几个方面：

（一）具备条件的乡镇、建制村通客车情况。

（二）农村客运班线安全通行条件审核情况。

（三）城乡客运一体化发展情况。

（四）覆盖县、乡、村三级的农村物流体系建设情况。

第十五条 部级督导考评根据农村公路发展阶段，选取可量化、可评价、典型性的指标，评分标准在每年交通运输部制定的督导考评实施方案中予以明确。

第三章　督导考评实施

第十六条　督导考评工作流程原则上按印发督导通知、组成督导考评工作组、实地督导考评、印发督导考评情况通报的程序进行。

第十七条　督导考评实行督导考评工作组负责制。

部级督导考评由交通运输部从各地抽调负责农村公路工作的专家组成部督导考评工作组。组长由部内相关司局或委托省级交通运输主管部门负责同志担任。

省级及以下督导考评由当地交通运输主管部门组织，可采用自检、交叉互检、委托第三方检查或检测等方式。组长原则上由相关交通运输主管部门负责同志担任。

第十八条　交通运输部根据全国"四好农村路"开展情况，在每年一季度确定部级督导考评省份和实施方案，每个省份至少实地督导分属不同地市的两个县。其中，一个县由受检查省份推荐，一个县由部督导考评工作组选定。

省级及以下督导考评对象和实地督导相关要求由各级交通运输主管部门确定。

第十九条　实地督导考评一般采用座谈了解、检查内业资料、数据核算、现场检测或检查的方法，并按照评分标准打分，准确客观进行考评。

第二十条　督导考评工作组应与受检单位交换督导考评意见。

第四章　督导考评结果运用

第二十一条　部级督导考评结果由交通运输部向省级交通运输主管部门通报，抄送省级人民政府办公厅。

省级及以下督导考评结果通报方式由省级交通运输主管部门确定。

第二十二条　省级交通运输主管部门应在接到督导考评通报的两个月内向交通运输部反馈整改方案，并根据整改进展及时报告阶段性成果。

第二十三条　部级督导考评结果作为交通运输部评判各地"四好农村路"开展情况的主要依据。

对年度任务落实不力，进度严重滞后，以及在督导考评中弄虚作假的，交通运输部将予以通报批评，并采取相应惩戒措施。

第二十四条　省级交通运输主管部门应当建立健全督导考评结果与投资和荣誉等相挂钩的奖惩机制，充分发挥督导考评结果的激励作用。

第五章　附　则

第二十五条　省级交通运输主管部门应根据本办法制定实施细则，指导市县落实本办法相关规定。

第二十六条　本办法由交通运输部公路局负责解释。

第二十七条　本办法自 2017 年 1 月 18 日起施行。

全国普法学习读本
★ ★ ★ ★ ★

乡村振兴法律法规学习读本

乡村振兴专项法律法规

李 勇 主编

加大全民普法力度，建设社会主义法治文化，树立宪法法律
至上、法律面前人人平等的法治理念。

——中国共产党第十九次全国代表大会《决胜全面建
成小康社会 夺取新时代中国特色社会主义伟大胜利》

汕頭大學出版社

图书在版编目（CIP）数据

乡村振兴专项法律法规／李勇主编. -- 汕头：汕
头大学出版社（2021 . 7 重印）

（乡村振兴法律法规学习读本）

ISBN 978-7-5658-3676-3

Ⅰ．①乡… Ⅱ．①李… Ⅲ．①农村经济发展–农业法
–基本知识–中国 Ⅳ．①D922. 44

中国版本图书馆 CIP 数据核字（2018）第 143304 号

乡村振兴专项法律法规　XIANGCUN ZHENXING ZHUANXIANG FALÜ FAGUI

主　　编：	李　勇
责任编辑：	邹　峰
责任技编：	黄东生
封面设计：	大华文苑
出版发行：	汕头大学出版社
	广东省汕头市大学路 243 号汕头大学校园内　邮政编码：515063
电　　话：	0754-82904613
印　　刷：	三河市南阳印刷有限公司
开　　本：	690mm×960mm 1/16
印　　张：	18
字　　数：	226 千字
版　　次：	2018 年 7 月第 1 版
印　　次：	2021 年 7 月第 2 次印刷
定　　价：	59. 60 元（全 2 册）

ISBN 978-7-5658-3676-3

前　言

习近平总书记指出："推进全民守法，必须着力增强全民法治观念。要坚持把全民普法和守法作为依法治国的长期基础性工作，采取有力措施加强法制宣传教育。要坚持法治教育从娃娃抓起，把法治教育纳入国民教育体系和精神文明创建内容，由易到难、循序渐进不断增强青少年的规则意识。要健全公民和组织守法信用记录，完善守法诚信褒奖机制和违法失信行为惩戒机制，形成守法光荣、违法可耻的社会氛围，使遵法守法成为全体人民共同追求和自觉行动。"

中共中央、国务院曾经转发了中央宣传部、司法部关于在公民中开展法治宣传教育的规划，并发出通知，要求各地区各部门结合实际认真贯彻执行。通知指出，全民普法和守法是依法治国的长期基础性工作。深入开展法治宣传教育，是全面建成小康社会和新农村的重要保障。

普法规划指出：各地区各部门要根据实际需要，从不同群体的特点出发，因地制宜开展有特色的法治宣传教育坚持集中法治宣传教育与经常性法治宣传教育相结合，深化法律进机关、进乡村、进社区、进学校、进企业、进单位的"法律六进"主题活动，完善工作标准，建立长效机制。

特别是农业、农村和农民问题，始终是关系党和人民事业发展的全局性和根本性问题。党中央、国务院发布的《关于推进社会主义新农村建设的若干意见》中明确提出要"加强农村法制建设，深入开展农村普法教育，增强农民的法制观念，提高农民依法行使权利和履行义务的自觉性。"多年普法实践证明，普及法律知识，提高法制观念，增强全社会依法办事意识具有重要作用。特别是在广大农村进行普法教育，是提高全民法律素质的需要。

多年来，我国在农村实行的改革开放取得了极大成功，农村发生了翻天覆地的变化，广大农民生活水平大大得到了提高。但是，由于历史和社会等原因，现阶段我国一些地区农民文化素质还不高，不学法、不懂法、不守法现象虽然较原来有所改变，但仍有相当一部分群众的法制观念仍很淡化，不懂、不愿借助法律来保护自身权益，这就极易受到不法的侵害，或极易进行违法犯罪活动，严重阻碍了全面建成小康社会和新农村步伐。

为此，根据党和政府的指示精神以及普法规划，特别是根据广大农村农民的现状，在有关部门和专家的指导下，特别编辑了这套《全国普法学习读本》。主要包括了广大人民群众应知应懂、实际实用的法律法规。为了辅导学习，附录还收入了相应法律法规的条例准则、实施细则、解读解答、案例分析等；同时为了突出法律法规的实际实用特点，兼顾地方性和特殊性，附录还收入了部分某些地方性法律法规以及非法律法规的政策文件、管理制度、应用表格等内容，拓展了本书的知识范围，使法律法规更"接地气"，便于读者学习掌握和实际应用。

在众多法律法规中，我们通过甄别，淘汰了废止的，精选了最新的、权威的和全面的。但有部分法律法规有些条款不适应当下情况了，却没有颁布新的，我们又不能擅自改动，只得保留原有条款，但附录却有相应的补充修改意见或通知等。众多法律法规根据不同内容和受众特点，经过归类组合，优化配套。整套普法读本非常全面系统，具有很强的学习性、实用性和指导性，非常适合用于广大农村和城乡普法学习教育与实践指导。总之，是全国全民普法的良好读本。

目　　录

中华人民共和国农民专业合作社法

中华人民共和国中小企业促进法

助推乡村振兴的部分政策

城乡建设用地增减挂钩节余指标跨省域调剂管理办法

村级档案管理办法

中华人民共和国农民专业合作社法

中华人民共和国主席令

第八十三号

　　《中华人民共和国农民专业合作社法》已由中华人民共和国第十二届全国人民代表大会常务委员会第三十一次会议于 2017 年 12 月 27 日修订通过，现将修订后的《中华人民共和国农民专业合作社法》公布，自 2018 年 7 月 1 日起施行。

　　　　　　　中华人民共和国主席　习近平

　　　　　　　2017 年 12 月 27 日

　　（2006 年 10 月 31 日第十届全国人民代表大会常务委员会第二十四次会议通过；根据 2017 年 12 月 27 日第十二届全国人民代表大会常务委员会第三十一次会议修订）

第一章 总 则

第一条 为了规范农民专业合作社的组织和行为，鼓励、支持、引导农民专业合作社的发展，保护农民专业合作社及其成员的合法权益，推进农业农村现代化，制定本法。

第二条 本法所称农民专业合作社，是指在农村家庭承包经营基础上，农产品的生产经营者或者农业生产经营服务的提供者、利用者，自愿联合、民主管理的互助性经济组织。

第三条 农民专业合作社以其成员为主要服务对象，开展以下一种或者多种业务：

（一）农业生产资料的购买、使用；

（二）农产品的生产、销售、加工、运输、贮藏及其他相关服务；

（三）农村民间工艺及制品、休闲农业和乡村旅游资源的开发经营等；

（四）与农业生产经营有关的技术、信息、设施建设运营等服务。

第四条 农民专业合作社应当遵循下列原则：

（一）成员以农民为主体；

（二）以服务成员为宗旨，谋求全体成员的共同利益；

（三）入社自愿、退社自由；

（四）成员地位平等，实行民主管理；

（五）盈余主要按照成员与农民专业合作社的交易量（额）比例返还。

第五条 农民专业合作社依照本法登记，取得法人资格。

农民专业合作社对由成员出资、公积金、国家财政直接补助、他人捐赠以及合法取得的其他资产所形成的财产，享有占有、使用和处分的权利，并以上述财产对债务承担责任。

第六条 农民专业合作社成员以其账户内记载的出资额和公积金份额为限对农民专业合作社承担责任。

第七条 国家保障农民专业合作社享有与其他市场主体平等的法律地位。

国家保护农民专业合作社及其成员的合法权益，任何单位和个人不得侵犯。

第八条 农民专业合作社从事生产经营活动，应当遵守法律，遵守社会公德、商业道德，诚实守信，不得从事与章程规定无关的活动。

第九条 农民专业合作社为扩大生产经营和服务的规模，发展产业化经营，提高市场竞争力，可以依法自愿设立或者加入农民专业合作社联合社。

第十条 国家通过财政支持、税收优惠和金融、科技、人才的扶持以及产业政策引导等措施，促进农民专业合作社的发展。

国家鼓励和支持公民、法人和其他组织为农民专业合作社提供帮助和服务。

对发展农民专业合作社事业做出突出贡献的单位和个人，按照国家有关规定予以表彰和奖励。

第十一条 县级以上人民政府应当建立农民专业合作社工作的综合协调机制，统筹指导、协调、推动农民专业合作社的建设和发展。

县级以上人民政府农业主管部门、其他有关部门和组织应当依据各自职责，对农民专业合作社的建设和发展给予指导、扶持和服务。

第二章　设立和登记

第十二条　设立农民专业合作社，应当具备下列条件：

（一）有五名以上符合本法第十九条、第二十条规定的成员；

（二）有符合本法规定的章程；

（三）有符合本法规定的组织机构；

（四）有符合法律、行政法规规定的名称和章程确定的住所；

（五）有符合章程规定的成员出资。

第十三条　农民专业合作社成员可以用货币出资，也可以用实物、知识产权、土地经营权、林权等可以用货币估价并可以依法转让的非货币财产，以及章程规定的其他方式作价出资；但是，法律、行政法规规定不得作为出资的财产除外。

农民专业合作社成员不得以对该社或者其他成员的债权，充抵出资；不得以缴纳的出资，抵销对该社或者其他成员的债务。

第十四条　设立农民专业合作社，应当召开由全体设立人参加的设立大会。设立时自愿成为该社成员的人为设立人。

设立大会行使下列职权：

（一）通过本社章程，章程应当由全体设立人一致通过；

（二）选举产生理事长、理事、执行监事或者监事会成员；

（三）审议其他重大事项。

第十五条 农民专业合作社章程应当载明下列事项：

（一）名称和住所；

（二）业务范围；

（三）成员资格及入社、退社和除名；

（四）成员的权利和义务；

（五）组织机构及其产生办法、职权、任期、议事规则；

（六）成员的出资方式、出资额，成员出资的转让、继承、担保；

（七）财务管理和盈余分配、亏损处理；

（八）章程修改程序；

（九）解散事由和清算办法；

（十）公告事项及发布方式；

（十一）附加表决权的设立、行使方式和行使范围；

（十二）需要载明的其他事项。

第十六条 设立农民专业合作社，应当向工商行政管理部门提交下列文件，申请设立登记：

（一）登记申请书；

（二）全体设立人签名、盖章的设立大会纪要；

（三）全体设立人签名、盖章的章程；

（四）法定代表人、理事的任职文件及身份证明；

（五）出资成员签名、盖章的出资清单；

（六）住所使用证明；

（七）法律、行政法规规定的其他文件。

登记机关应当自受理登记申请之日起二十日内办理完毕，向符合登记条件的申请者颁发营业执照，登记类型为农民专业合作社。

农民专业合作社法定登记事项变更的，应当申请变更登记。

登记机关应当将农民专业合作社的登记信息通报同级农业等有关部门。

农民专业合作社登记办法由国务院规定。办理登记不得收取费用。

第十七条 农民专业合作社应当按照国家有关规定，向登记机关报送年度报告，并向社会公示。

第十八条 农民专业合作社可以依法向公司等企业投资，以其出资额为限对所投资企业承担责任。

第三章 成 员

第十九条 具有民事行为能力的公民，以及从事与农民专业合作社业务直接有关的生产经营活动的企业、事业单位或者社会组织，能够利用农民专业合作社提供的服务，承认并遵守农民专业合作社章程，履行章程规定的入社手续的，可以成为农民专业合作社的成员。但是，具有管理公共事务职能的单位不得加入农民专业合作社。

农民专业合作社应当置备成员名册，并报登记机关。

第二十条 农民专业合作社的成员中，农民至少应当占成员总数的百分之八十。

成员总数二十人以下的，可以有一个企业、事业单位或者社会组织成员；成员总数超过二十人的，企业、事业单位和社会组织成员不得超过成员总数的百分之五。

第二十一条 农民专业合作社成员享有下列权利：

（一）参加成员大会，并享有表决权、选举权和被选举权，按照章程规定对本社实行民主管理；

（二）利用本社提供的服务和生产经营设施；

（三）按照章程规定或者成员大会决议分享盈余；

（四）查阅本社的章程、成员名册、成员大会或者成员代表大会记录、理事会会议决议、监事会会议决议、财务会计报告、会计账簿和财务审计报告；

（五）章程规定的其他权利。

第二十二条 农民专业合作社成员大会选举和表决，实行一人一票制，成员各享有一票的基本表决权。

出资额或者与本社交易量（额）较大的成员按照章程规定，可以享有附加表决权。本社的附加表决权总票数，不得超过本社成员基本表决权总票数的百分之二十。享有附加表决权的成员及其享有的附加表决权数，应当在每次成员大会召开时告知出席会议的全体成员。

第二十三条 农民专业合作社成员承担下列义务：

（一）执行成员大会、成员代表大会和理事会的决议；

（二）按照章程规定向本社出资；

（三）按照章程规定与本社进行交易；

（四）按照章程规定承担亏损；

（五）章程规定的其他义务。

第二十四条 符合本法第十九条、第二十条规定的公民、企业、事业单位或者社会组织，要求加入已成立的农民专业合作社，应当向理事长或者理事会提出书面申请，经成员大会或者成员代表大会表决通过后，成为本社成员。

第二十五条 农民专业合作社成员要求退社的，应当在会计年度终了的三个月前向理事长或者理事会提出书面申请；其中，企业、事业单位或者社会组织成员退社，应当在会计年度终了的六个月前提出；章程另有规定的，从其规定。退社成员的成员资格自会计年度终了时终止。

第二十六条 农民专业合作社成员不遵守农民专业合作社的章程、成员大会或者成员代表大会的决议，或者严重危害其他成员及农民专业合作社利益的，可以予以除名。

成员的除名，应当经成员大会或者成员代表大会表决通过。

在实施前款规定时，应当为该成员提供陈述意见的机会。

被除名成员的成员资格自会计年度终了时终止。

第二十七条 成员在其资格终止前与农民专业合作社已订立的合同，应当继续履行；章程另有规定或者与本社另有约定的除外。

第二十八条 成员资格终止的，农民专业合作社应当按照章程规定的方式和期限，退还记载在该成员账户内的出资额和公积金份额；对成员资格终止前的可分配盈余，依照本法第四十四条的规定向其返还。

资格终止的成员应当按照章程规定分摊资格终止前本社的亏损及债务。

第四章 组织机构

第二十九条 农民专业合作社成员大会由全体成员组成，是本社的权力机构，行使下列职权：

（一）修改章程；

（二）选举和罢免理事长、理事、执行监事或者监事会成员；

（三）决定重大财产处置、对外投资、对外担保和生产经营活动中的其他重大事项；

（四）批准年度业务报告、盈余分配方案、亏损处理方案；

（五）对合并、分立、解散、清算，以及设立、加入联合社等作出决议；

（六）决定聘用经营管理人员和专业技术人员的数量、资格和任期；

（七）听取理事长或者理事会关于成员变动情况的报告，对成员的入社、除名等作出决议；

（八）公积金的提取及使用；

（九）章程规定的其他职权。

第三十条 农民专业合作社召开成员大会，出席人数应当达到成员总数三分之二以上。

成员大会选举或者作出决议，应当由本社成员表决权总数过半数通过；作出修改章程或者合并、分立、解散，以及设立、加入联合社的决议应当由本社成员表决权总数的三分之二以上通过。章程对表决权数有较高规定的，从其规定。

第三十一条 农民专业合作社成员大会每年至少召开一次，会议的召集由章程规定。有下列情形之一的，应当在二十日内召开临时成员大会：

（一）百分之三十以上的成员提议；

（二）执行监事或者监事会提议；

（三）章程规定的其他情形。

第三十二条 农民专业合作社成员超过一百五十人的，可以按照章程规定设立成员代表大会。成员代表大会按照章程规定可以行使成员大会的部分或者全部职权。

依法设立成员代表大会的，成员代表人数一般为成员总人数的百分之十，最低人数为五十一人。

第三十三条 农民专业合作社设理事长一名，可以设理事会。理事长为本社的法定代表人。

农民专业合作社可以设执行监事或者监事会。理事长、理事、经理和财务会计人员不得兼任监事。

理事长、理事、执行监事或者监事会成员，由成员大会从本社成员中选举产生，依照本法和章程的规定行使职权，对成员大会负责。

理事会会议、监事会会议的表决，实行一人一票。

第三十四条 农民专业合作社的成员大会、成员代表大会、理事会、监事会，应当将所议事项的决定作成会议记录，出席会议的成员、成员代表、理事、监事应当在会议记录上签名。

第三十五条 农民专业合作社的理事长或者理事会可以按照成员大会的决定聘任经理和财务会计人员，理事长或者理事可以兼任经理。经理按照章程规定或者理事会的决定，可以聘任其他人员。

经理按照章程规定和理事长或者理事会授权，负责具体生产经营活动。

第三十六条 农民专业合作社的理事长、理事和管理人员不得有下列行为：

（一）侵占、挪用或者私分本社资产；

（二）违反章程规定或者未经成员大会同意，将本社资金借贷给他人或者以本社资产为他人提供担保；

（三）接受他人与本社交易的佣金归为己有；

（四）从事损害本社经济利益的其他活动。

理事长、理事和管理人员违反前款规定所得的收入，应当归本社所有；给本社造成损失的，应当承担赔偿责任。

第三十七条 农民专业合作社的理事长、理事、经理不得兼任业务性质相同的其他农民专业合作社的理事长、理事、监事、经理。

第三十八条 执行与农民专业合作社业务有关公务的人员，不得担任农民专业合作社的理事长、理事、监事、经理或者财务会计人员。

第五章 财务管理

第三十九条 农民专业合作社应当按照国务院财政部门制定的财务会计制度进行财务管理和会计核算。

第四十条 农民专业合作社的理事长或者理事会应当按照章程规定，组织编制年度业务报告、盈余分配方案、亏损处理方案以及财务会计报告，于成员大会召开的十五日前，置备于办公地点，供成员查阅。

第四十一条 农民专业合作社与其成员的交易、与利用其提供的服务的非成员的交易，应当分别核算。

第四十二条 农民专业合作社可以按照章程规定或者成员大会决议从当年盈余中提取公积金。公积金用于弥补亏损、扩大生产经营或者转为成员出资。

每年提取的公积金按照章程规定量化为每个成员的份额。

第四十三条 农民专业合作社应当为每个成员设立成员账户，主要记载下列内容：

（一）该成员的出资额；

（二）量化为该成员的公积金份额；

（三）该成员与本社的交易量（额）。

第四十四条 在弥补亏损、提取公积金后的当年盈余，为农民专业合作社的可分配盈余。可分配盈余主要按照成员与本社的交易量（额）比例返还。

可分配盈余按成员与本社的交易量（额）比例返还的返还总额不得低于可分配盈余的百分之六十；返还后的剩余部分，以成员账户中记载的出资额和公积金份额，以及本社接受国家财政直接补助和他人捐赠形成的财产平均量化到成员的份额，按比例分配给本社成员。

经成员大会或者成员代表大会表决同意，可以将全部或者部分可分配盈余转为对农民专业合作社的出资，并记载在成员账户中。

具体分配办法按照章程规定或者经成员大会决议确定。

第四十五条　设立执行监事或者监事会的农民专业合作社，由执行监事或者监事会负责对本社的财务进行内部审计，审计结果应当向成员大会报告。

成员大会也可以委托社会中介机构对本社的财务进行审计。

第六章　合并、分立、解散和清算

第四十六条　农民专业合作社合并，应当自合并决议作出之日起十日内通知债权人。合并各方的债权、债务应当由合并后存续或者新设的组织承继。

第四十七条　农民专业合作社分立，其财产作相应的分割，并应当自分立决议作出之日起十日内通知债权人。分立前的债务由分立后的组织承担连带责任。但是，在分立前与债权人就债务清偿达成的书面协议另有约定的除外。

第四十八条　农民专业合作社因下列原因解散：

（一）章程规定的解散事由出现；

（二）成员大会决议解散；

（三）因合并或者分立需要解散；

（四）依法被吊销营业执照或者被撤销。

因前款第一项、第二项、第四项原因解散的，应当在解散事由出现之日起十五日内由成员大会推举成员组成清算组，开始解散清算。逾期不能组成清算组的，成员、债权人可以向人民法院申请指定成员组成清算组进行清算，人民法院应当受理该申请，并及时指定成员组成清算组进行清算。

第四十九条　清算组自成立之日起接管农民专业合作社，

负责处理与清算有关未了结业务，清理财产和债权、债务，分配清偿债务后的剩余财产，代表农民专业合作社参与诉讼、仲裁或者其他法律程序，并在清算结束时办理注销登记。

第五十条　清算组应当自成立之日起十日内通知农民专业合作社成员和债权人，并于六十日内在报纸上公告。债权人应当自接到通知之日起三十日内，未接到通知的自公告之日起四十五日内，向清算组申报债权。如果在规定期间内全部成员、债权人均已收到通知，免除清算组的公告义务。

债权人申报债权，应当说明债权的有关事项，并提供证明材料。清算组应当对债权进行审查、登记。

在申报债权期间，清算组不得对债权人进行清偿。

第五十一条　农民专业合作社因本法第四十八条第一款的原因解散，或者人民法院受理破产申请时，不能办理成员退社手续。

第五十二条　清算组负责制定包括清偿农民专业合作社员工的工资及社会保险费用，清偿所欠税款和其他各项债务，以及分配剩余财产在内的清算方案，经成员大会通过或者申请人民法院确认后实施。

清算组发现农民专业合作社的财产不足以清偿债务的，应当依法向人民法院申请破产。

第五十三条　农民专业合作社接受国家财政直接补助形成的财产，在解散、破产清算时，不得作为可分配剩余资产分配给成员，具体按照国务院财政部门有关规定执行。

第五十四条　清算组成员应当忠于职守，依法履行清算义务，因故意或者重大过失给农民专业合作社成员及债权人造成损失的，应当承担赔偿责任。

第五十五条 农民专业合作社破产适用企业破产法的有关规定。但是，破产财产在清偿破产费用和共益债务后，应当优先清偿破产前与农民成员已发生交易但尚未结清的款项。

第七章 农民专业合作社联合社

第五十六条 三个以上的农民专业合作社在自愿的基础上，可以出资设立农民专业合作社联合社。

农民专业合作社联合社应当有自己的名称、组织机构和住所，由联合社全体成员制定并承认的章程，以及符合章程规定的成员出资。

第五十七条 农民专业合作社联合社依照本法登记，取得法人资格，领取营业执照，登记类型为农民专业合作社联合社。

第五十八条 农民专业合作社联合社以其全部财产对该社的债务承担责任；农民专业合作社联合社的成员以其出资额为限对农民专业合作社联合社承担责任。

第五十九条 农民专业合作社联合社应当设立由全体成员参加的成员大会，其职权包括修改农民专业合作社联合社章程，选举和罢免农民专业合作社联合社理事长、理事和监事，决定农民专业合作社联合社的经营方案及盈余分配，决定对外投资和担保方案等重大事项。

农民专业合作社联合社不设成员代表大会，可以根据需要设立理事会、监事会或者执行监事。理事长、理事应当由成员社选派的人员担任。

第六十条　农民专业合作社联合社的成员大会选举和表决，实行一社一票。

第六十一条　农民专业合作社联合社可分配盈余的分配办法，按照本法规定的原则由农民专业合作社联合社章程规定。

第六十二条　农民专业合作社联合社成员退社，应当在会计年度终了的六个月前以书面形式向理事会提出。退社成员的成员资格自会计年度终了时终止。

第六十三条　本章对农民专业合作社联合社没有规定的，适用本法关于农民专业合作社的规定。

第八章　扶持措施

第六十四条　国家支持发展农业和农村经济的建设项目，可以委托和安排有条件的农民专业合作社实施。

第六十五条　中央和地方财政应当分别安排资金，支持农民专业合作社开展信息、培训、农产品标准与认证、农业生产基础设施建设、市场营销和技术推广等服务。国家对革命老区、民族地区、边疆地区和贫困地区的农民专业合作社给予优先扶助。

县级以上人民政府有关部门应当依法加强对财政补助资金使用情况的监督。

第六十六条　国家政策性金融机构应当采取多种形式，为农民专业合作社提供多渠道的资金支持。具体支持政策由国务院规定。

国家鼓励商业性金融机构采取多种形式，为农民专业合作社及其成员提供金融服务。

国家鼓励保险机构为农民专业合作社提供多种形式的农业保险服务。鼓励农民专业合作社依法开展互助保险。

第六十七条 农民专业合作社享受国家规定的对农业生产、加工、流通、服务和其他涉农经济活动相应的税收优惠。

第六十八条 农民专业合作社从事农产品初加工用电执行农业生产用电价格，农民专业合作社生产性配套辅助设施用地按农用地管理，具体办法由国务院有关部门规定。

第九章　法律责任

第六十九条 侵占、挪用、截留、私分或者以其他方式侵犯农民专业合作社及其成员的合法财产，非法干预农民专业合作社及其成员的生产经营活动，向农民专业合作社及其成员摊派，强迫农民专业合作社及其成员接受有偿服务，造成农民专业合作社经济损失的，依法追究法律责任。

第七十条 农民专业合作社向登记机关提供虚假登记材料或者采取其他欺诈手段取得登记的，由登记机关责令改正，可以处五千元以下罚款；情节严重的，撤销登记或者吊销营业执照。

第七十一条 农民专业合作社连续两年未从事经营活动的，吊销其营业执照。

第七十二条 农民专业合作社在依法向有关主管部门提供的财务报告等材料中，作虚假记载或者隐瞒重要事实的，依法追究法律责任。

第十章 附 则

第七十三条 国有农场、林场、牧场、渔场等企业中实行承包租赁经营、从事农业生产经营或者服务的职工，兴办农民专业合作社适用本法。

第七十四条 本法自 2018 年 7 月 1 日起施行。

中华人民共和国中小企业促进法

中华人民共和国主席令

第七十四号

《中华人民共和国中小企业促进法》已由中华人民共和国第十二届全国人民代表大会常务委员会第二十九次会议于 2017 年 9 月 1 日修订通过，现将修订后的《中华人民共和国中小企业促进法》公布，自 2018 年 1 月 1 日起施行。

中华人民共和国主席　习近平

2017 年 9 月 1 日

（2002 年 6 月 29 日第九届全国人民代表大会常务委员会第二十八次会议通过；根据 2017 年 9 月 1 日第十二届全国人民代表大会常务委员会第二十九次会议修订）

第一章　总　则

第一条　为了改善中小企业经营环境，保障中小企业公平参与市场竞争，维护中小企业合法权益，支持中小企业创业创新，促进中小企业健康发展，扩大城乡就业，发挥中小企业在国民经济和社会发展中的重要作用，制定本法。

第二条　本法所称中小企业，是指在中华人民共和国境内依法设立的，人员规模、经营规模相对较小的企业，包括中型企业、小型企业和微型企业。

中型企业、小型企业和微型企业划分标准由国务院负责中小企业促进工作综合管理的部门会同国务院有关部门，根据企业从业人员、营业收入、资产总额等指标，结合行业特点制定，报国务院批准。

第三条　国家将促进中小企业发展作为长期发展战略，坚持各类企业权利平等、机会平等、规则平等，对中小企业特别是其中的小型微型企业实行积极扶持、加强引导、完善服务、依法规范、保障权益的方针，为中小企业创立和发展创造有利的环境。

第四条　中小企业应当依法经营，遵守国家劳动用工、安全生产、职业卫生、社会保障、资源环境、质量标准、知识产权、财政税收等方面的法律、法规，遵循诚信原则，规范内部管理，提高经营管理水平；不得损害劳动者合法权益，不得损害社会公共利益。

第五条　国务院制定促进中小企业发展政策，建立中小企业促进工作协调机制，统筹全国中小企业促进工作。

国务院负责中小企业促进工作综合管理的部门组织实施促进中小企业发展政策，对中小企业促进工作进行宏观指导、综合协调和监督检查。

国务院有关部门根据国家促进中小企业发展政策，在各自职责范围内负责中小企业促进工作。

县级以上地方各级人民政府根据实际情况建立中小企业促进工作协调机制，明确相应的负责中小企业促进工作综合管理的部门，负责本行政区域内的中小企业促进工作。

第六条　国家建立中小企业统计监测制度。统计部门应当加强对中小企业的统计调查和监测分析，定期发布有关信息。

第七条　国家推进中小企业信用制度建设，建立社会化的信用信息征集与评价体系，实现中小企业信用信息查询、交流和共享的社会化。

第二章　财税支持

第八条　中央财政应当在本级预算中设立中小企业科目，安排中小企业发展专项资金。

县级以上地方各级人民政府应当根据实际情况，在本级财政预算中安排中小企业发展专项资金。

第九条　中小企业发展专项资金通过资助、购买服务、奖励等方式，重点用于支持中小企业公共服务体系和融资服务体系建设。

中小企业发展专项资金向小型微型企业倾斜，资金管理使用坚持公开、透明的原则，实行预算绩效管理。

第十条 国家设立中小企业发展基金。国家中小企业发展基金应当遵循政策性导向和市场化运作原则，主要用于引导和带动社会资金支持初创期中小企业，促进创业创新。

县级以上地方各级人民政府可以设立中小企业发展基金。

中小企业发展基金的设立和使用管理办法由国务院规定。

第十一条 国家实行有利于小型微型企业发展的税收政策，对符合条件的小型微型企业按照规定实行缓征、减征、免征企业所得税、增值税等措施，简化税收征管程序，减轻小型微型企业税收负担。

第十二条 国家对小型微型企业行政事业性收费实行减免等优惠政策，减轻小型微型企业负担。

第三章　融资促进

第十三条 金融机构应当发挥服务实体经济的功能，高效、公平地服务中小企业。

第十四条 中国人民银行应当综合运用货币政策工具，鼓励和引导金融机构加大对小型微型企业的信贷支持，改善小型微型企业融资环境。

第十五条 国务院银行业监督管理机构对金融机构开展小型微型企业金融服务应当制定差异化监管政策，采取合理提高小型微型企业不良贷款容忍度等措施，引导金融机构增加小型微型企业融资规模和比重，提高金融服务水平。

第十六条 国家鼓励各类金融机构开发和提供适合中小企业特点的金融产品和服务。

国家政策性金融机构应当在其业务经营范围内，采取多种形式，为中小企业提供金融服务。

第十七条 国家推进和支持普惠金融体系建设，推动中小银行、非存款类放贷机构和互联网金融有序健康发展，引导银行业金融机构向县域和乡镇等小型微型企业金融服务薄弱地区延伸网点和业务。

国有大型商业银行应当设立普惠金融机构，为小型微型企业提供金融服务。国家推动其他银行业金融机构设立小型微型企业金融服务专营机构。

地区性中小银行应当积极为其所在地的小型微型企业提供金融服务，促进实体经济发展。

第十八条 国家健全多层次资本市场体系，多渠道推动股权融资，发展并规范债券市场，促进中小企业利用多种方式直接融资。

第十九条 国家完善担保融资制度，支持金融机构为中小企业提供以应收账款、知识产权、存货、机器设备等为担保品的担保融资。

第二十条 中小企业以应收账款申请担保融资时，其应收账款的付款方，应当及时确认债权债务关系，支持中小企业融资。

国家鼓励中小企业及付款方通过应收账款融资服务平台确认债权债务关系，提高融资效率，降低融资成本。

第二十一条 县级以上人民政府应当建立中小企业政策性

信用担保体系，鼓励各类担保机构为中小企业融资提供信用担保。

第二十二条 国家推动保险机构开展中小企业贷款保证保险和信用保险业务，开发适应中小企业分散风险、补偿损失需求的保险产品。

第二十三条 国家支持征信机构发展针对中小企业融资的征信产品和服务，依法向政府有关部门、公用事业单位和商业机构采集信息。

国家鼓励第三方评级机构开展中小企业评级服务。

第四章 创业扶持

第二十四条 县级以上人民政府及其有关部门应当通过政府网站、宣传资料等形式，为创业人员免费提供工商、财税、金融、环境保护、安全生产、劳动用工、社会保障等方面的法律政策咨询和公共信息服务。

第二十五条 高等学校毕业生、退役军人和失业人员、残疾人员等创办小型微型企业，按照国家规定享受税收优惠和收费减免。

第二十六条 国家采取措施支持社会资金参与投资中小企业。创业投资企业和个人投资者投资初创期科技创新企业的，按照国家规定享受税收优惠。

第二十七条 国家改善企业创业环境，优化审批流程，实现中小企业行政许可便捷，降低中小企业设立成本。

第二十八条 国家鼓励建设和创办小型微型企业创业基地、

孵化基地，为小型微型企业提供生产经营场地和服务。

第二十九条 地方各级人民政府应当根据中小企业发展的需要，在城乡规划中安排必要的用地和设施，为中小企业获得生产经营场所提供便利。

国家支持利用闲置的商业用房、工业厂房、企业库房和物流设施等，为创业者提供低成本生产经营场所。

第三十条 国家鼓励互联网平台向中小企业开放技术、开发、营销、推广等资源，加强资源共享与合作，为中小企业创业提供服务。

第三十一条 国家简化中小企业注销登记程序，实现中小企业市场退出便利化。

第五章 创新支持

第三十二条 国家鼓励中小企业按照市场需求，推进技术、产品、管理模式、商业模式等创新。

中小企业的固定资产由于技术进步等原因，确需加速折旧的，可以依法缩短折旧年限或者采取加速折旧方法。

国家完善中小企业研究开发费用加计扣除政策，支持中小企业技术创新。

第三十三条 国家支持中小企业在研发设计、生产制造、运营管理等环节应用互联网、云计算、大数据、人工智能等现代技术手段，创新生产方式，提高生产经营效率。

第三十四条 国家鼓励中小企业参与产业关键共性技术研究开发和利用财政资金设立的科研项目实施。

国家推动军民融合深度发展，支持中小企业参与国防科研和生产活动。

国家支持中小企业及中小企业的有关行业组织参与标准的制定。

第三十五条 国家鼓励中小企业研究开发拥有自主知识产权的技术和产品，规范内部知识产权管理，提升保护和运用知识产权的能力；鼓励中小企业投保知识产权保险；减轻中小企业申请和维持知识产权的费用等负担。

第三十六条 县级以上人民政府有关部门应当在规划、用地、财政等方面提供支持，推动建立和发展各类创新服务机构。

国家鼓励各类创新服务机构为中小企业提供技术信息、研发设计与应用、质量标准、实验试验、检验检测、技术转让、技术培训等服务，促进科技成果转化，推动企业技术、产品升级。

第三十七条 县级以上人民政府有关部门应当拓宽渠道，采取补贴、培训等措施，引导高等学校毕业生到中小企业就业，帮助中小企业引进创新人才。

国家鼓励科研机构、高等学校和大型企业等创造条件向中小企业开放试验设施，开展技术研发与合作，帮助中小企业开发新产品，培养专业人才。

国家鼓励科研机构、高等学校支持本单位的科技人员以兼职、挂职、参与项目合作等形式到中小企业从事产学研合作和科技成果转化活动，并按照国家有关规定取得相应报酬。

第六章　市场开拓

　　第三十八条　国家完善市场体系，实行统一的市场准入和市场监管制度，反对垄断和不正当竞争，营造中小企业公平参与竞争的市场环境。

　　第三十九条　国家支持大型企业与中小企业建立以市场配置资源为基础的、稳定的原材料供应、生产、销售、服务外包、技术开发和技术改造等方面的协作关系，带动和促进中小企业发展。

　　第四十条　国务院有关部门应当制定中小企业政府采购的相关优惠政策，通过制定采购需求标准、预留采购份额、价格评审优惠、优先采购等措施，提高中小企业在政府采购中的份额。

　　向中小企业预留的采购份额应当占本部门年度政府采购项目预算总额的百分之三十以上；其中，预留给小型微型企业的比例不低于百分之六十。中小企业无法提供的商品和服务除外。

　　政府采购不得在企业股权结构、经营年限、经营规模和财务指标等方面对中小企业实行差别待遇或者歧视待遇。

　　政府采购部门应当在政府采购监督管理部门指定的媒体上及时向社会公开发布采购信息，为中小企业获得政府采购合同提供指导和服务。

　　第四十一条　县级以上人民政府有关部门应当在法律咨询、知识产权保护、技术性贸易措施、产品认证等方面为中小企业产品和服务出口提供指导和帮助，推动对外经济技术合作与交流。

国家有关政策性金融机构应当通过开展进出口信贷、出口信用保险等业务，支持中小企业开拓境外市场。

第四十二条　县级以上人民政府有关部门应当为中小企业提供用汇、人员出入境等方面的便利，支持中小企业到境外投资，开拓国际市场。

第七章　服务措施

第四十三条　国家建立健全社会化的中小企业公共服务体系，为中小企业提供服务。

第四十四条　县级以上地方各级人民政府应当根据实际需要建立和完善中小企业公共服务机构，为中小企业提供公益性服务。

第四十五条　县级以上人民政府负责中小企业促进工作综合管理的部门应当建立跨部门的政策信息互联网发布平台，及时汇集涉及中小企业的法律法规、创业、创新、金融、市场、权益保护等各类政府服务信息，为中小企业提供便捷无偿服务。

第四十六条　国家鼓励各类服务机构为中小企业提供创业培训与辅导、知识产权保护、管理咨询、信息咨询、信用服务、市场营销、项目开发、投资融资、财会税务、产权交易、技术支持、人才引进、对外合作、展览展销、法律咨询等服务。

第四十七条　县级以上人民政府负责中小企业促进工作综合管理的部门应当安排资金，有计划地组织实施中小企业经营管理人员培训。

第四十八条　国家支持有关机构、高等学校开展针对中小企业经营管理及生产技术等方面的人员培训，提高企业营销、管理和技术水平。

国家支持高等学校、职业教育院校和各类职业技能培训机构与中小企业合作共建实习实践基地，支持职业教育院校教师和中小企业技术人才双向交流，创新中小企业人才培养模式。

第四十九条　中小企业的有关行业组织应当依法维护会员的合法权益，反映会员诉求，加强自律管理，为中小企业创业创新、开拓市场等提供服务。

第八章　权益保护

第五十条　国家保护中小企业及其出资人的财产权和其他合法权益。任何单位和个人不得侵犯中小企业财产及其合法收益。

第五十一条　县级以上人民政府负责中小企业促进工作综合管理的部门应当建立专门渠道，听取中小企业对政府相关管理工作的意见和建议，并及时向有关部门反馈，督促改进。

县级以上地方各级人民政府有关部门和有关行业组织应当公布联系方式，受理中小企业的投诉、举报，并在规定的时间内予以调查、处理。

第五十二条　地方各级人民政府应当依法实施行政许可，依法开展管理工作，不得实施没有法律、法规依据的检查，不得强制或者变相强制中小企业参加考核、评比、表彰、培训等活动。

第五十三条　国家机关、事业单位和大型企业不得违约拖欠中小企业的货物、工程、服务款项。

中小企业有权要求拖欠方支付拖欠款并要求对拖欠造成的损失进行赔偿。

第五十四条　任何单位不得违反法律、法规向中小企业收取费用，不得实施没有法律、法规依据的罚款，不得向中小企业摊派财物。中小企业对违反上述规定的行为有权拒绝和举报、控告。

第五十五条　国家建立和实施涉企行政事业性收费目录清单制度，收费目录清单及其实施情况向社会公开，接受社会监督。

任何单位不得对中小企业执行目录清单之外的行政事业性收费，不得对中小企业擅自提高收费标准、扩大收费范围；严禁以各种方式强制中小企业赞助捐赠、订购报刊、加入社团、接受指定服务；严禁行业组织依靠代行政府职能或者利用行政资源擅自设立收费项目、提高收费标准。

第五十六条　县级以上地方各级人民政府有关部门对中小企业实施监督检查应当依法进行，建立随机抽查机制。同一部门对中小企业实施的多项监督检查能够合并进行的，应当合并进行；不同部门对中小企业实施的多项监督检查能够合并完成的，由本级人民政府组织有关部门实施合并或者联合检查。

第九章　监督检查

第五十七条　县级以上人民政府定期组织对中小企业促进工作情况的监督检查；对违反本法的行为及时予以纠正，并对直接负责的主管人员和其他直接责任人员依法给予处分。

第五十八条　国务院负责中小企业促进工作综合管理的部门应当委托第三方机构定期开展中小企业发展环境评估，并向社会公布。

地方各级人民政府可以根据实际情况委托第三方机构开展中小企业发展环境评估。

第五十九条　县级以上人民政府应当定期组织开展对中小企业发展专项资金、中小企业发展基金使用效果的企业评价、社会评价和资金使用动态评估，并将评价和评估情况及时向社会公布，接受社会监督。

县级以上人民政府有关部门在各自职责范围内，对中小企业发展专项资金、中小企业发展基金的管理和使用情况进行监督，对截留、挤占、挪用、侵占、贪污中小企业发展专项资金、中小企业发展基金等行为依法进行查处，并对直接负责的主管人员和其他直接责任人员依法给予处分；构成犯罪的，依法追究刑事责任。

第六十条　县级以上地方各级人民政府有关部门在各自职责范围内，对强制或者变相强制中小企业参加考核、评比、表彰、培训等活动的行为，违法向中小企业收费、罚款、摊派财物的行为，以及其他侵犯中小企业合法权益的行为进行查处，并对直接负责的主管人员和其他直接责任人员依法给予处分。

第十章　附　则

第六十一条　本法自 2018 年 1 月 1 日起施行。

助推乡村振兴的部分政策

关于深化群众性精神文明
创建活动的指导意见

（2017 年 4 月，经党中央批准，中央精神文明建设指导委员会印发）

社会主义精神文明是中国特色社会主义的重要特征，是实现"两个一百年"奋斗目标、实现中华民族伟大复兴中国梦的重要内容和重要保证。群众性精神文明创建活动是人民群众群策群力、共建共享、改造社会、建设美好生活的创举，是提升国民素质和社会文明程度的有效途径，是把社会主义精神文明建设的任务要求落实到城乡基层的重要载体和有力抓手。为深化群众性精神文明创建活动，提出如下指导性意见。

一、牢固树立物质文明和精神文明协调发展的战略方针

1. 新时期社会主义精神文明建设取得历史性成就。改革开

放以来，我们党创造性地提出了建设社会主义精神文明的战略任务，确立了物质文明建设和精神文明建设"两手抓、两手都要硬"的战略方针，把精神文明建设贯穿改革开放全过程，纳入社会主义现代化建设总体布局，全面展开精神文明建设各项工作，取得了重大成就，为社会主义物质文明建设提供了有力的思想指导、精神支撑和智力支持，为经济社会发展创造了良好的精神文化条件。

党的十八大以来，以习近平同志为核心的党中央高度重视精神文明建设，提出一系列新思想新观点新要求，作出一系列重要部署，为加强新形势下精神文明建设提供了重要指导和基本遵循，有力推动了两个文明协调发展。广泛开展中国特色社会主义和中国梦宣传教育，大力培育和践行社会主义核心价值观，扎实推进思想道德建设，积极弘扬以爱国主义为核心的民族精神和以改革创新为核心的时代精神，深入开展群众性精神文明创建活动，学习宣传各类先进典型，着力丰富群众精神文化生活，国民素质和社会文明程度明显提升，精神文明建设取得了新的伟大成就，为全面推进党和国家事业发展作出了重要贡献。改革开放以来特别是党的十八大以来的生动实践充分证明，只有物质文明建设和精神文明建设都搞好，国家物质力量和精神力量都增强，全国各族人民物质生活和精神生活都改善，中国特色社会主义事业才能顺利推向前进。社会主义物质文明和社会主义精神文明两手抓、两手硬，始终是党和国家的战略目标、战略方针。

2. 精神文明建设面临新的形势。面对决胜全面建成小康社会，进而实现社会主义现代化和中华民族伟大复兴的历史使命，精神文明建设地位更加重要、任务更加繁重。改革开放以来我国经济实力、科技实力和综合国力显著提升，为精神文明建设奠定了雄厚物质基础；广大人民群众对美好生活的向往，为精神文明建设提供了强劲内生动力；互联网等新技术新媒介日新月异，为精神文明建设拓展了广阔发展空间，精神文明建设面临新的历史机遇。同时要清醒认识到，在国际国内形势发生重大而深刻变化的时代条件下，面对各种思想文化交流交融交锋的复杂局面，马克思主义指导思想面临多样化社会思潮的挑战，社会主义核心价值观面临市场逐利性的挑战，传统教育引导方式面临网络新媒体的挑战，精神文明建设面临新形势新课题。

当前，精神文明建设领域还存在一些不容忽视的问题。一些人包括少数党员干部信仰缺失、价值观扭曲，深受拜金主义、享乐主义、极端个人主义的侵蚀；一些领域和一些地方道德失范、诚信缺失，人际关系缺乏信任感，违背社会公德、职业道德、家庭美德、个人品德等现象时有发生；封建迷信、铺张浪费甚至黄赌毒等不良现象、不良风气、不良习俗还在一定范围禁而不绝；一些地方环境脏乱差，不遵守基本公共秩序、不遵守基本文明行为准则的现象还比较普遍；精神文化产品创作生产还存在着有数量缺质量的问题，公共文化服务体系还不完善；工作中适应时代要求、群众期待的创新还不够，吸引力感染力有待提高；一些地方和部门精神文明建设工作不力，存在薄弱环节，精神文明建设和物质文明建设发展明显不协调，等等。这些问题必须引起全党全社会高度重视。要以辩证的、全面的、协调的观点正确处理两个文明的关系，切实加强社会主义精神文明建设，深入开展群众性精神文明创建活动。

3. 指导思想。高举中国特色社会主义伟大旗帜，坚持以马克思列宁主义、毛泽东思想、邓小平理论、"三个代表"重要思想、科学发展观为指导，深入贯彻习近平总书记系列重要讲话精神和治国理政新理念新思想新战略，增强政治意识、大局意识、核心意识、看齐意识，紧紧围绕统筹推进"五位一体"总体布局和协调推进"四个全面"战略布局，牢固树立和贯彻新发展理念，坚持以人民为中心的发展思想，以培育和践行社会主义核心价值观为根本，加强思想道德建设，弘扬中华优秀传统文化和传统美德，弘扬革命文化和社会主义先进文化，深化群众性精神文明创建活动，培育社会文明新风，全面提高国民素质和社会文明程度，着力构筑中国精神、中国价值、中国力量，巩固马克思主义在意识形态领域的指导地位，巩固全党全国各族人民团结奋斗的共同思想基础，为实现"两个一百年"奋斗目标、实现中华民族伟大复兴的中国梦，提供坚强思想保证、强大精神动力、丰润道德滋养、良好文化条件。

4. 重要原则

——必须坚持以马克思主义为指导，深入贯彻落实习近平总书记系列重要讲话精神和治国理政新理念新思想新战略，坚持正确的政治方向，始终把培育和践行社会主义核心价值观作为群众性精神文明创建活动的灵魂工程和根本任务。

——必须坚持社会主义物质文明和社会主义精神文明两手抓、两手都要硬，促进物质文明与精神文明协调发展。

——必须坚持以人民为中心的发展思想，牢固树立依靠人民、为了人民的思想理念，增进人民福祉，促进人的全面发展，动员人人参与，实现共建共享。

——必须坚持依法治国与以德治国相结合，实现法律和道德相辅相成、法治和德治相得益彰。

——必须坚持重在建设、立破并举，强化问题导向，补齐工作短板，贵在坚持、久久为功、务求实效。

——必须坚持改革创新，不忘本来、吸收外来、面向未来，站在时代前沿、引领风气之先、充满生机活力。

5. 目标要求。实现"两个一百年"奋斗目标、实现中华民族伟大复兴的中国梦更加深入人心，道路自信、理论自信、制度自信、文化自信更加坚定；社会主义核心价值观日益成为全体人民的共同价值追求、百姓日用而不觉的行为准则；爱国主义、集体主义、社会主义思想广泛弘扬，中华民族的归属感、认同感和凝聚力、向心力不断增强；人民思想道德素质、科学文化素质和健康素质明显提高，为实现人的全面发展创造更好条件；以优良党风政风带动形成良好社风民风，向上向善、诚信互助的社会风尚更加浓厚；精神文化产品创作生产更加活跃繁荣，人民享有健康丰富的精神文化生活；城乡环境面貌、社会公共秩序、公共服务水平、居民生活质量明显改善，社会文明程度显著提高。

二、坚持用社会主义核心价值观引领群众性精神文明创建活动

6. 以培育和践行社会主义核心价值观为根本。核心价值观是最持久最深层的精神力量。要倡导富强民主文明和谐，倡导自由平等公正法治，倡导爱国敬业诚信友善，把培育和践行社会主义核心价值观作为群众性精神文明创建活动的根本任务，在贯穿结合融入上下功夫，在落细落小落实上下功夫，把核心

价值观融入经济社会发展实践，渗透到人们日常生产生活，通过教育引导、舆论宣传、文化熏陶、实践养成、制度保障等，使社会主义核心价值观内化为人们的坚定信念、外化为人们的自觉行动。

7. 加强理想信念教育。人民有信仰，民族有希望，国家有力量。要把理想信念教育作为群众性精神文明创建活动的中心环节，让理想信念的明灯永远在全国各族人民心中闪亮。习近平总书记系列重要讲话是中国特色社会主义理论体系最新成果，是指导具有许多新的历史特点伟大斗争的最鲜活的马克思主义，彰显了马克思主义强大的真理力量和实践力量，是坚定理想信念的鲜活教材。要引导广大干部群众坚持读原著、学原文、悟原理，把握讲话的鲜明主题和思想体系，把握贯穿其中的治国理政新理念新思想新战略，把握讲话体现的马克思主义立场观点方法，做到学而信、学而用、学而行，用讲话精神统一思想、凝聚共识。共产主义远大理想和中国特色社会主义共同理想，是中国共产党人的精神支柱和政治灵魂。全党同志必须把对马克思主义的信仰、对社会主义和共产主义的信念作为毕生追求，在改造客观世界的同时不断改造主观世界，解决好世界观、人生观、价值观这个"总开关"问题，不断增强政治定力，坚定中国特色社会主义道路自信、理论自信、制度自信、文化自信，自觉成为共产主义远大理想和中国特色社会主义共同理想的坚定信仰者和忠实实践者，自觉在思想上政治上行动上同以习近平同志为核心的党中央保持高度一致。领导干部特别是高级干部要发挥示范引领作用，坚守真理、坚守正道、坚守原则、坚守规矩，明大德、严公德、守私德，重品行、正操守、养心性，做到以信念、人格、实干立身，以实际行动让党员和群众感受到理想信念的强大力量。在全体人民中深入开展中国特色社会主义和中国梦宣传教育，开展正确世界观、人生观、价值观和道德观教育，开展近现代史、党史、国情、改革开放成就和形势政策教育，加强和改进思想政治工作，用中国特色社会主义的共同理想凝聚起团结奋斗的强大精神力量。

8. 加强爱国主义教育。爱国主义是中华民族精神的核心，爱国主义精神是中华民族的精神基因，实现中华民族伟大复兴的中国梦是当代中国爱国主义的鲜明主题。要大力弘扬爱国主义精神，把爱国主义教育作为永恒主题，坚持爱国主义和社会主义相统一，维护祖国统一和民族团结，尊重和传承中华民族历史和文化，坚持立足民族又面向世界。要把爱国主义教育贯穿国民教育和精神文明建设全过程，充分利用我国改革发展的伟大成就、重大历史事件纪念活动、爱国主义教育基地、中华民族传统节庆、国家公祭仪式等来增强人民的爱国情怀和国家意识。要健全和规范必要的礼仪制度，组织开展形式多样的纪念庆典活动，增强人们对国家和民族的认同感和归属感。要运用艺术形式和新媒体，生动传播爱国主义精神，唱响爱国主义主旋律，让爱国主义成为每一个中国人的坚定信念和精神依靠。

9. 加强公民道德建设。实施公民道德建设工程，持续深化社会公德、职业道德、家庭美德、个人品德建设，弘扬真善美，贬斥假恶丑，激发人们形成善良的道德意愿和道德情感，培育正确的道德判断和道德责任，提高道德实践能力尤其是自觉践行能力，向往和追求讲道德、尊道德、守道德的生活。大力倡导文明礼貌、助人为乐、爱护公物、保护环境、遵纪守法的社会公德，大力倡导爱岗敬业、诚实守信、办事公道、服务群众、奉献社会的职业道德，大力倡导尊老爱幼、男女平等、夫妻和睦、勤俭持家、邻里团结的家庭美德，大力倡导爱国奉献、明礼守法、厚德仁爱、正直善良、勤劳勇敢的个人品德，鼓励人们在社会上做一个好公民，在岗位上做一个好员工，在家庭里做一个好成员。

10. 弘扬中华优秀传统文化。优秀传统文化是我们民族的"根"和"魂"。要深入挖掘和阐发讲仁爱、重民本、守诚信、崇正义、尚和合、求大同的时代价值。实施好中华优秀传统文化传承发展工程，做好中华典籍整理、文化遗产保护等工作，实现中华优秀传统文化的创造性转化和创新性发展，增强做中国人的骨气和底气。以"我们的节日"为主题，利用春节、元宵、清明、端午、中秋、重阳等重要传统节日以及其他少数民族传统节日，开展丰富多彩、积极健康的民俗文化活动，引导人们在辞旧迎新、慎终追远、缅怀先贤、阖家团圆、孝老敬老中弘扬文明新风。要继承我们党带领人民进行革命和建设形成的革命精神，发扬革命传统，传承红色基因，不忘初心，继续前进。

11. 加强诚信建设。诚信是核心价值观和道德建设的重要内容，也是发展完善社会主义市场经济的重要基石。加快推进政务诚信、商务诚信、社会诚信和司法公信建设，提高全社会诚信水平。大力弘扬中华民族重信守诺的传统美德，大力普及与市场经济和现代治理相适应的诚信理念、规则意识、契约精神，培育现代诚信文化。加快建立覆盖全社会的征信体系，健全信用信息管理制度，推动各个部门信用信息的共建共享。健全多部门、跨地区、跨行业的守信联合激励和失信联合惩戒的联动机制，增加守信红利、提高失信代价。注重发挥行业、单位、街区、市场等各类主体的作用，开展诚信行业、诚信单位、诚信示范街区、诚信经营示范店等主题实践活动，制定诚信公约，加强行业自律，推动形成不愿失信、不能失信、不敢失信的社会环境。

12. 建设社会主义法治文化。贯彻落实全面依法治国战略举措，深入开展全民普法教育，弘扬社会主义法治精神，把社会主义核心价值观融入社会主义法治建设全过程，引导全民自觉守法、遇事找法、解决问题靠法，自觉履行法定义务，依法维护自身权益，增强全社会学法尊法守法用法意识，使全体人民成为社会主义法治的忠实崇尚者、自觉遵守者、坚定捍卫者。把法治教育纳入精神文明创建内容，广泛开展群众性法治文化活动，在全社会形成良好法治氛围和法治习惯，树立守法光荣、违法可耻的社会风尚。

13. 发挥先进典型的示范引领作用。榜样的力量是无穷的。重视发挥先进典型对践行核心价值观、弘扬时代新风尚的示范引领作用。在发动基层群众分层推选道德模范、时代楷模、最美人物、身边好人，广泛推出各行各业先进人物的基础上，突出表彰宣传作出重大贡献、群众认可度高、社会影响力大的先进典型，形成群星灿烂与七星共明的先进群体格局。广泛开展形式多样的学习宣传活动，激发人们的思想认同、情感共鸣和效仿意愿。关心关爱先进模范人物，旗帜鲜明捍卫英雄模范，营造崇德向善、见贤思齐、德行天下的浓厚氛围。

三、推动群众性精神文明创建活动向纵深发展

14. 深入开展创建文明城市、文明村镇、文明单位、文明家庭、文明校园活动。各类创建活动都要突出思想道德内涵，坚持创建为民惠民，不断扩大覆盖面，增强实效性，有力推动社会文明进步，提升城乡居民的获得感和幸福感。要推动人们在为家庭谋幸福、为他人送温暖、为社会作贡献的过程中提高精神境界、培育文明风尚。

文明城市创建要贯彻落实以人为核心的新型城镇化战略，加强市民文明素质教育引导，着力提高城市规划建设管理水平，保护城市历史文化和特色风貌，打造美丽整洁的生活环境、规范有序的社会秩序、便捷高效的公共服务，提升市民综合素质、城市文明程度和群众生活质量，推进建设宜居宜业、富有活力、各具特色、文明和谐的现代化城市。全国文明城市要巩固创建成果，保持创建常态，切实发挥示范带动作用。创建工作要从省会城市、地级城市、直辖市城区向县级市和县延伸，努力构建全面覆盖大中小城市的创建格局。积极发挥文明城市测评体系的导向作用，改进测评方法，完善测评程序，确保测评结果的公正性公信力。

文明村镇创建要以美丽乡村建设为主题，突出抓好乡风民风、人居环境和文化生活建设。着力提高农民素质，培养有文化、懂技术、善经营、会管理、适应现代农业发展的新型农民。发挥农村优秀基层干部、乡村教师、退伍军人、文化能人、返乡创业人士等新乡贤作用，传播文明理念，涵育文明乡风。大力开展移风易俗，倡导科学文明卫生的生活方式，破除陈规陋习。加强村容村貌整治和农村环境保护，全面推进农村垃圾污

水治理工作，守护绿水青山。大力发展休闲农业和乡村旅游，拓展农业多种功能，促进农民就业增收。顺应农村群众的新期待，以农村群众的获得感为标准，力争到"十三五"期末，全国县级及县级以上文明村和文明乡镇占比达到50%左右。

文明单位创建要着力提高员工素质，涵养职业操守，培育职业精神，完善规章制度，树立行业新风。重点推动与群众生活关系密切的窗口行业的文明创建工作，开展具有行业特色、职业特点、工作特性的创建活动，自觉承担社会责任，着力树立良好形象，确保提供文明优质服务。要顺应经济结构、社会组织、就业方式的深刻变动，推动文明单位创建覆盖到新经济组织和社会组织。

文明家庭创建要更加注重家庭、注重家教、注重家风，促进家庭和睦，促进亲人相亲相爱，孝老爱幼，少有所教，老有所养，使千千万万个家庭成为国家发展、民族进步、社会和谐的重要基点，成为人们梦想启航的地方。以"家和万事兴"为主题传承良好家风和家训，重视做好家庭教育。要推动形成爱国爱家、相亲相爱、向上向善、共建共享的社会主义家庭文明新风尚，以良好家风支撑起好的社会风气。

文明校园创建要全面贯彻党的教育方针，坚持立德树人，以社会主义核心价值观引领知识教育，强化教书育人、管理育人、环境育人，培养德智体美全面发展的社会主义事业建设者和接班人。加强大学生思想政治教育和未成年人思想道德建设，改进高等学校思想政治工作和中小学校思想品德教育，构建符合青少年成长特点和规律的德育体系，提升思想政治教育亲和力和针对性。加强师德师风建设，引导广大教师学为人师、行为世范，做学生锤炼品格、学习知识、创新思维、奉献祖国的引路人。开展形式多样、健康向上、格调高雅的校园文化活动，弘扬良好校训校风，开展文明班级、文明宿舍创建，形成良好育人氛围。

15. 深化学雷锋志愿服务。大力倡导雷锋精神，弘扬奉献、友爱、互助、进步的志愿精神，进一步推动学雷锋志愿服务活动持续深入发展，引导激励人们把积极参与学雷锋志愿服务作为一种生活方式和生活习惯，使"我为人人、人人为我"蔚为风气。以关爱他人、奉献社会为重点，广泛开展重大活动、扶贫救灾、敬老救孤、恤病助残、文化支教、环境保护、健身指导等志愿服务活动。支持和发展各类志愿服务组织尤其是专业性强的志愿服务组织，健全完善褒奖激励等制度，以制度化促进经常化持久化。

16. 推进文明社会风尚行动。围绕讲文明、有公德、守秩序、树新风，广泛开展文明社会风尚行动，大力普及工作生活、社会交往、人际关系、公共场所等方面的文明礼仪规范，引导人们自觉遵守公共秩序和规则，建立和谐清新人际关系，抵制不良庸俗习气，倡导文明礼仪新风，养成良好行为习惯。在全社会大力倡导尊重劳动、尊重创造，使勤奋劳动、勇于创造、艰苦奋斗成为人们的生活追求。强化质量第一意识，培育"工匠精神"。广泛倡导"绿水青山就是金山银山"，着力培养人们的生态文明、绿色环保、节俭节约、社会责任意识。要在全社会倡导合理消费，力戒奢侈浪费，制止奢靡之风。大力开展文明交通行动，普及文明交通常识，增强文明交通意识，克服各种交通陋习。大力开展文明旅游行动，加强宣传教育、规范约束和社会监督，强化文明出游意识，有效治理旅游不文明行为，提升公民旅游文明素质。加强对文艺观演、体育观赛等的文明引导，制止不文明言行。在推进新型城镇化进程中，要加强对新市民和进城务工人员的服务管理与教育引导，使他们学习掌握适应现代城市生活的必要行为规范。

17. 开展各类精神文明共建活动。开展城乡共建活动，加大以城带乡、城乡统筹力度，推动公共服务设施向农村延伸，公共服务产品向农村覆盖，城市现代文明向农村辐射，促进城乡发展一体化。开展区域共建活动，以国家区域发展整体战略为基础，打造一批沿海沿江沿交通干线的"文明走廊""文明交通线""文明示范带"。开展文明单位结对帮扶活动，动员文明单位履行社会责任，支援贫困乡村，助力脱贫攻坚。开展军民共建精神文明活动，巩固发展军政军民团结。

四、提升全民科学教育文化素质和健康素质

18. 提高全民科学素质。扎实推进全民科学素质行动计划，实施《中国公民科学素质基准》，普及科学知识、弘扬科学精神、传播科学思想、倡导科学方法。着力提高青少年的科学兴趣、创新意识、学习实践能力，提高领导干部和公务员的科学意识和决策水平，提高城镇劳动者和广大农民的科学生产生活能力，以重点人群科学素质的提高带动全民科学素质整体水平跨越提升，推动形成崇尚科学的社会氛围和健康文明的生活方式。加强科技馆、科技活动中心、青少年科技活动站等阵地和设施建设，推动优质科普资源开发开放。开展科学世界观和无神论教育，反对封建迷信和邪教，抵制愚昧落后。

19. 提升国民教育水平。全面实施素质教育，深化教育领域综合改革，着力提高教育质量，培养学生社会责任感、创新精神、实践能力。办好学前教育，均衡发展九年义务教育，基本普及高中阶段教育，加快发展现代职业教育，推动高等教育内涵式发展，积极发展继续教育，完善终身教育体系，建设学习型社会。大力促进教育公平，合理配置教育资源，重点向农村、边远、贫困、民族地区倾斜，让每个孩子都能成为有用之才。积极推动全民阅读，引导人们养成阅读习惯。

20. 丰富群众文化生活。坚持为人民服务、为社会主义服务的方向，坚持百花齐放、百家争鸣的方针，实施文艺创作精品工程，扶持优秀文化作品创作生产，推出更多思想精深、艺术精湛、制作精良的优秀文化产品，繁荣发展文学艺术、新闻出版、广播影视事业。推进基本公共文化服务标准化、均等化，建立完善覆盖城乡、便捷高效、保基本促公平的现代公共文化服务体系。坚持把社会效益放在首位、社会效益和经济效益相统一，积极培育新型文化业态，扩大和引导文化消费，推动文化产业成为国民经济支柱性产业。广泛开展群众文化活动，维护好实现好群众文化权益，不断满足人民群众日益增长的精神文化需求，丰富人民精神世界，增强人民精神力量。深入开展"扫黄打非"，加强文化市场监管，提高文化综合执法能力。

21. 促进人民身心健康。健康是促进人的全面发展的必然要求，是社会文明进步的基础。大力推进健康中国建设，加强全民健康教育，普及公共卫生知识和健康科学知识，提倡健康生活，优化健康服务，完善健康保障，建设健康环境，发展健康产业，着力提高人民群众健康水平。加强人文关怀和心理疏导，培育自尊自信、理性平和、积极向上的社会心态。深入实施全民健身国家战略，推进全民健身活动，发展体育运动，增强人民体质。

五、营造精神文明建设的良好社会环境

22. 丰富精神文明建设载体。加强新闻传播能力建设，推进传统媒体与新兴媒体深度融合，牢牢把握正确舆论导向，弘扬主旋律，传播正能量，大力宣传精神文明建设先进经验和有效做法，加强对社会普遍关注的道德热点问题的引导，有力抨击背离主流价值的错误言行和丑恶现象，切实发挥新闻舆论团结人民、鼓舞士气，成风化人、凝心聚力的作用。重视运用文学戏剧、影视音乐、戏曲曲艺等文艺形式启迪思想、温润心灵、陶冶人生，用社会主义核心价值观引领精神文化产品创作生产，潜移默化向社会传递主流价值，感染影响人们的价值选择和价值判断。公益广告是传播核心价值观、倡导文明新风的有效载体，要突出主题，注重创意，健全机制，加大刊播展示力度。

23. 加强网上精神文明建设。坚持正能量是总要求、管得住是硬道理，依法加强网络空间治理，加强网络内容建设，做强网上正面宣传，发展积极向上的网络文化。实施网德工程，深入开展争做中国好网民活动，倡导文明办网、文明上网，强化网络运营主体的社会责任，引导人们提升网络文明素养，净化网络环境，让网络空间清朗起来。适应信息传播方式和人们接受习惯的深刻变化，积极运用微博、微信、手机客户端等新媒体传播文明理念、推进实际工作。开展网络公益活动，让公益精神弥漫网络空间。

24. 拓展精神文明建设阵地。与经济社会发展水平相适应，加快图书馆、博物馆、科技馆、文化馆、美术馆、革命历史纪念馆等文化设施建设，继续推动公共文化设施向社会免费开放，切实提高使用效率。以综合性、适用性为原则，大力推进城乡基层宣传文化阵地建设，完善村（社区）公共文化服务中心，推进乡村学校少年宫建设。加快公共数字文化建设，用互联网等新技术手段满足基层文化需要和群众文化需求。

25. 用法治思维和法治方式推进精神文明创建。把精神文明建设要求融入法律法规、政策制度和社会治理、行业管理之中，把社会主义核心价值观贯穿立法司法执法各个环节，发挥法律法规对维护良好社会秩序、树立文明社会风尚、培育和谐人际关系的保障作用。认真总结工作经验，把那些符合实际、成效明显、群众认可并被实践证明的规律性做法上升为法律法规。建立法律法规和重大公共政策的道德风险评估机制，防止具体法规政策与社会主义核心价值观相背离。加强司法机关、行政执法机关的文明创建和执法规范化建设，提高司法公信力，进一步规范行政执法，努力让人民群众在每一项执法活动、每一起案件办理中都能感受到社会公平正义。发挥法治在解决道德领域突出问题中的作用，依法惩处严重突破道德底线的失德失信行为和社会丑恶现象，避免极端个别事件对社会公序良俗带来负面冲击。发挥市民公约、乡规民约、学生守则、行业规范、职业规则、团体章程等社会规范在社会治理中的积极作用。

26. 对外展示文明中国良好形象。国民素质和社会文明程度是国家文化软实力与综合国力的重要标志。要结合国家重大外交战略、"一带一路"建设，加强国际传播能力建设，讲好中国故事，阐释好中国价值，积极推进中华文化走出去，树立中国文明进步、开放自信、亲切友善、负责任的大国形象，增进国际社会对中华文明的认识和理解，增强中华文明和中华民族的国际影响力。在赴境外留学、经商、从业、旅游人员中开展争当"文明使者"活动。

六、加强党对群众性精神文明创建活动的领导

27. 强化党委主体责任。各级党委要切实承担起精神文明建设的主体责任，党委主要负责同志是第一责任人。要坚持"两手抓、两手都要硬"的战略方针，把精神文明建设纳入经济社会发展总体规划，列为各级领导班子和领导干部政绩考核的重要内容。进一步完善党委统一领导、党政齐抓共管、文明委组织协调、有关部门各负其责、全社会积极参与的领导体制和工作机制。发挥文明委及其办事机构的重要作用，加强对精神文明建设和群众性创建活动、学雷锋志愿服务活动的规划指导、协调督促。发挥基层党组织的战斗堡垒作用，加强对群众的教育引导，在服务群众中凝聚群众，勇于同各种歪风邪气作斗争。广大共产党员要在精神文明建设中发挥模范表率作用。党员干部尤其是高级干部必须带头践行社会主义核心价值观，继承和发扬党的优良传统和作风，弘扬中华民族传统美德，讲修养、讲道德、讲诚信、讲廉耻，自觉远离低级趣味，养成共产党员的高风亮节，形成良好的政治文化。按照政治坚定、业务精湛、心系人民、作风过硬的要求，建设高素质、接地气的精神文明建设工作队伍。精神文明建设重心在基层、困难在基层。要加强基层队伍建设，充实工作力量，为更好开展工作创造条件、提供保障。

28. 动员社会力量广泛参与。工会、共青团、妇联、残联、关工委和文联、作协、科协等人民团体，要发挥各自优势，组

织动员所联系群众积极参与精神文明创建活动。发挥民主党派、工商联、无党派人士、社会公众人物的作用，发挥行业协会、社会团体、基金会等各种社会组织的作用，共同参与精神文明建设。

29. 加大经费投入。完善和落实文化经济政策，形成对精神文明建设多渠道投入的体制，为精神文明建设提供强有力的物质保障。中央财政加大对中西部欠发达地区、少数民族地区和革命老区的精神文明建设重大设施、重点项目的支持力度。运用财政、税收、金融等经济手段支持精神文明建设事业。鼓励社会力量对精神文明建设提供财力物力支持。

30. 加强工作创新。加强对群众性精神文明创建活动的理论研究和实践总结，积极借鉴人类文明有益成果，深化对工作特点和规律的认识，尊重人民群众的主体地位和首创精神，推动内容形式、方法手段、渠道载体、体制机制创新，防止和克服形式主义，更好地体现时代性、把握规律性、富于创造性，不断增强群众性精神文明创建活动的针对性有效性和吸引力感染力。

关于实施中华优秀传统文化
传承发展工程的意见

（摘自中华人民共和国中央人民政府网站）

新华社北京 2017 年 1 月 25 日电 近日，中共中央办公厅、国务院办公厅印发了《关于实施中华优秀传统文化传承发展工程的意见》，并发出通知，要求各地区各部门结合实际认真贯彻落实。

《关于实施中华优秀传统文化传承发展工程的意见》全文如下。

文化是民族的血脉，是人民的精神家园。文化自信是更基本、更深层、更持久的力量。中华文化独一无二的理念、智慧、气度、神韵，增添了中国人民和中华民族内心深处的自信和自豪。为建设社会主义文化强国，增强国家文化软实力，实现中华民族伟大复兴的中国梦，现就实施中华优秀传统文化传承发展工程提出如下意见。

一、重要意义和总体要求

1. 重要意义。中华文化源远流长、灿烂辉煌。在 5000 多年文明发展中孕育的中华优秀传统文化，积淀着中华民族最深沉的精神追求，代表着中华民族独特的精神标识，是中华民族生生不息、发展壮大的丰厚滋养，是中国特色社会主义植根的文化沃土，是当代中国发展的突出优势，对延续和发展中华文明、促进人类文明进步，发挥着重要作用。

中国共产党在领导人民进行革命、建设、改革伟大实践中，自觉肩负起传承发展中华优秀传统文化的历史责任，是中华优秀传统文化的忠实继承者、弘扬者和建设者。党的十八大以来，在以习近平同志为核心的党中央领导下，各级党委和政府更加自觉、更加主动推动中华优秀传统文化的传承与发展，开展了一系列富有创新、富有成效的工作，有力增强了中华优秀传统文化的凝聚力、影响力、创造力。同时要看到，随着我国经济社会深刻变革、对外开放日益扩大、互联网技术和新媒体快速发展，各种思想文化交流交融交锋更加频繁，迫切需要深化对中华优秀传统文化重要性的认识，进一步增强文化自觉和文化自信；迫切需要深入挖掘中华优秀传统文化价值内涵，进一步激发中华优秀传统文化的生机与活力；迫切需要加强政策支持，着力构建中华优秀传统文化传承发展体系。实施中华优秀传统文化传承发展工程，是建设社会主义文化强国的重大战略任务，对于传承中华文脉、全面提升人民群众文化素养、维护国家文化安全、增强国家文化软实力、推进国家治理体系和治理能力现代化，具有重要意义。

2. 指导思想。高举中国特色社会主义伟大旗帜，全面贯彻党的十八大和十八届三中、四中、五中、六中全会精神，坚持以马克思列宁主义、毛泽东思想、邓小平理论、"三个代表"重要思想、科学发展观为指导，深入贯彻习近平总书记系列重要讲话精神和治国理政新理念新思想新战略，紧紧围绕实现中华民族伟大复兴的中国梦，深入贯彻新发展理念，坚持以人民为中心的工作导向，坚持以社会主义核心价值观为引领，坚持创造性转化、创新性发展，坚守中华文化立场、传承中华文化基因，不忘本来、吸收外来、面向未来，汲取中国智慧、弘扬中国精神、传播中国价值，不断增强中华优秀传统文化的生命力和影响力，创造中华文化新辉煌。

3. 基本原则

——牢牢把握社会主义先进文化前进方向。坚持中国特色社会主义文化发展道路，立足于巩固马克思主义在意识形态领域的指导地位、巩固全党全国人民团结奋斗的共同思想基础，弘扬社会主义核心价值观，培育民族精神和时代精神，解决现实问题、助推社会发展。

——坚持以人民为中心的工作导向。坚持为了人民、依靠人民、共建共享，注重文化熏陶和实践养成，把跨越时空的思想理念、价值标准、审美风范转化为人们的精神追求和行为习惯，不断增强人民群众的文化参与感、获得感和认同感，形成向上向善的社会风尚。

——坚持创造性转化和创新性发展。坚持辩证唯物主义和历史唯物主义，秉持客观、科学、礼敬的态度，取其精华、去其糟粕，扬弃继承、转化创新，不复古泥古，不简单否定，不断赋予新的时代内涵和现代表达形式，不断补充、拓展、完善，使中华民族最基本的文化基因与当代文化相适应、与现代社会相协调。

——坚持交流互鉴、开放包容。以我为主、为我所用，取长补短、择善而从，既不简单拿来，也不盲目排外，吸收借鉴国外优秀文明成果，积极参与世界文化的对话交流，不断丰富和发展中华文化。

——坚持统筹协调、形成合力。加强党的领导，充分发挥政府主导作用和市场积极作用，鼓励和引导社会力量广泛参与，推动形成有利于传承发展中华优秀传统文化的体制机制和社会环境。

4. 总体目标。到 2025 年，中华优秀传统文化传承发展体系基本形成，研究阐发、教育普及、保护传承、创新发展、传播交流等方面协同推进并取得重要成果，具有中国特色、中国风格、中国气派的文化产品更加丰富，文化自觉和文化自信显著增强，国家文化软实力的根基更为坚实，中华文化的国际影响力明显提升。

二、主要内容

5. 核心思想理念。中华民族和中国人民在修齐治平、尊时守位、知常达变、开物成务、建功立业过程中培育和形成的基本思想理念，如革故鼎新、与时俱进的思想，脚踏实地、实事求是的思想，惠民利民、安民富民的思想，道法自然、天人合一的思想等，可以为人们认识和改造世界提供有益启迪，可以为治国理政提供有益借鉴。传承发展中华优秀传统文化，就要大力弘扬讲仁爱、重民本、守诚信、崇正义、尚和合、求大同等核心思想理念。

6. 中华传统美德。中华优秀传统文化蕴含着丰富的道德理念和规范，如天下兴亡、匹夫有责的担当意识，精忠报国、振兴中华的爱国情怀，崇德向善、见贤思齐的社会风尚，孝悌忠信、礼义廉耻的荣辱观念，体现着评判是非曲直的价值标准，潜移默化地影响着中国人的行为方式。传承发展中华优秀传统文化，就要大力弘扬自强不息、敬业乐群、扶危济困、见义勇为、孝老爱亲等中华传统美德。

7. 中华人文精神。中华优秀传统文化积淀着多样、珍贵的精神财富，如求同存异、和而不同的处世方法，文以载道、以文化人的教化思想，形神兼备、情景交融的美学追求，俭约自守、中和泰和的生活理念等，是中国人民思想观念、风俗习惯、生活方式、情感样式的集中表达，滋养了独特丰富的文学艺术、科学技术、人文学术，至今仍然具有深刻影响。传承发展中华优秀传统文化，就要大力弘扬有利于促进社会和谐、鼓励人们向上向善的思想文化内容。

三、重点任务

8. 深入阐发文化精髓。加强中华文化研究阐释工作，深入研究阐释中华文化的历史渊源、发展脉络、基本走向，深刻阐明中华优秀传统文化是发展当代中国马克思主义的丰厚滋养，深刻阐明传承发展中华优秀传统文化是建设中国特色社会主义事业的实践之需，深刻阐明丰富多彩的多民族文化是中华文化的基本构成，深刻阐明中华文明是在与其他文明不断交流互鉴中丰富发展的，着力构建有中国底蕴、中国特色的思想体系、学术体系和话语体系。加强党史国史及相关档案编修，做好地方史志编纂工作，巩固中华文明探源成果，正确反映中华民族文明史，推出一批研究成果。实施中华文化资源普查工程，构建准确权威、开放共享的中华文化资源公共数据平台。建立国家文物登录制度。建设国家文献战略储备库、革命文物资源目录和大数据库。实施国家古籍保护工程，完善国家珍贵古籍名录和全国古籍重点保护单位评定制度，加强中华文化典籍整理编纂出版工作。完善非物质文化遗产、馆藏革命文物普查建档制度。

9. 贯穿国民教育始终。围绕立德树人根本任务，遵循学生认知规律和教育教学规律，按照一体化、分学段、有序推进的原则，把中华优秀传统文化全方位融入思想道德教育、文化知识教育、艺术体育教育、社会实践教育各环节，贯穿于启蒙教育、基础教育、职业教育、高等教育、继续教育各领域。以幼儿、小学、中学教材为重点，构建中华文化课程和教材体系。编写中华文化幼儿读物，开展"少年传承中华传统美德"系列教育活动，创作系列绘本、童谣、儿歌、动画等。修订中小学道德与法治、语文、历史等课程教材。推动高校开设中华优秀传统文化必修课，在哲学社会科学及相关学科专业和课程中增加中华优秀传统文化的内容。加强中华优秀传统文化相关学科建设，重视保护和发展具有重要文化价值和传承意义的"绝学"、冷门学科。推进职业院校民族文化传承与创新示范专业点建设。丰富拓展校园文化，推进戏曲、书法、高雅艺术、传统体育等进校园，实施中华经典诵读工程，开设中华文化公开课，抓好传统文化教育成果展示活动。研究制定国民语言教育大纲，开展好国民语言教育。加强面向全体教师的中华文化教育培训，全面提升师资队伍水平。

10. 保护传承文化遗产。坚持保护为主、抢救第一、合理利用、加强管理的方针，做好文物保护工作，抢救保护濒危文物，实施馆藏文物修复计划，加强新型城镇化和新农村建设中的文物保护。加强历史文化名城名镇名村、历史文化街区、名人故居保护和城市特色风貌管理，实施中国传统村落保护工程，做好传统民居、历史建筑、革命文化纪念地、农业遗产、工业遗产保护工作。规划建设一批国家文化公园，成为中华文化重要标识。推进地名文化遗产保护。实施非物质文化遗产传承发展工程，进一步完善非物质文化遗产保护制度。实施传统工艺振兴计划。大力推广和规范使用国家通用语言文字，保护传承方言文化。开展少数民族特色文化保护工作，加强少数民族语言文字和经典文献的保护和传播，做好少数民族经典文献和汉族经典文献互译出版工作。实施中华民族音乐传承出版工程、中国民间文学大系出版工程。推动民族传统体育项目的整理研究和保护传承。

11. 滋养文艺创作。善于从中华文化资源宝库中提炼题材、获取灵感、汲取养分，把中华优秀传统文化的有益思想、艺术价值与时代特点和要求相结合，运用丰富多样的艺术形式进行当代表达，推出一大批底蕴深厚、涵育人心的优秀文艺作品。科学编制重大革命和历史题材、现实题材、爱国主义题材、青少年题材等专项创作规划，提高创作生产组织化程度，彰显中华文化的精神内涵和审美风范。加强对中华诗词、音乐舞蹈、书法绘画、曲艺杂技和历史文化纪录片、动画片、出版物等的扶持。实施戏曲振兴工程，做好戏曲"像音像"工作，挖掘整理优秀传统剧目，推进数字化保存和传播。实施网络文艺创作传播计划，推动网络文学、网络音乐、网络剧、微电影等传承发展中华优秀传统文化。实施中国经典民间故事动漫创作工程、中华文化电视传播工程，组织创作生产一批传承中华文化基因、具有大众亲和力的动画片、纪录片和节目栏目。大力加强文艺评论，改革完善文艺评奖，建立有中国特色的文艺研究评论体系，倡导中华美学精神，推动美学、美德、美文相结合。

12. 融入生产生活。注重实践与养成、需求与供给、形式与内容相结合，把中华优秀传统文化内涵更好更多地融入生产生活各方面。深入挖掘城市历史文化价值，提炼精选一批凸显文化特色的经典性元素和标志性符号，纳入城镇化建设、城市规划设计，合理应用于城市雕塑、广场园林等公共空间，避免千篇一律、千城一面。挖掘整理传统建筑文化，鼓励建筑设计继承创新，推进城市修补、生态修复工作，延续城市文脉。加强"美丽乡村"文化建设，发掘和保护一批处处有历史、步步有文化的小镇和村庄。用中华优秀传统文化的精髓涵养企业精神，培育现代企业文化。实施中华老字号保护发展工程，支持一批文化特色浓、品牌信誉高、有市场竞争力的中华老字号做精做强。深入开展"我们的节日"主题活动，实施中国传统节日振兴工程，丰富春节、元宵、清明、端午、七夕、中秋、重阳等传统节日文化内涵，形成新的节日习俗。加强对传统历法、节气、生肖和饮食、医药等的研究阐释、活态利用，使其有益的文化价值深度嵌入百姓生活。实施中华节庆礼仪服装服饰计划，设计制作展现中华民族独特文化魅力的系列服装服饰。大力发展文化旅游，充分利用历史文化资源优势，规划设计推出一批专题研学旅游线路，引导游客在文化旅游中感知中华文化。推动休闲生活与传统文化融合发展，培育符合现代人需求的传统休闲文化。发展传统体育，抢救濒危传统体育项目，把传统体育项目纳入全民健身工程。

13. 加大宣传教育力度。综合运用报纸、书刊、电台、电视台、互联网站等各类载体，融通多媒体资源，统筹宣传、文化、文物等各方力量，创新表达方式，大力彰显中华文化魅力。实施中华文化新媒体传播工程。充分发挥图书馆、文化馆、博物馆、群艺馆、美术馆等公共文化机构在传承发展中华优秀传统文化中的作用。编纂出版系列文化经典。加强革命文物工作，实施革命文物保护利用工程，做好革命遗址、遗迹、烈士纪念设施的保护和利用。推动红色旅游持续健康发展。深入开展"爱我中华"主题教育活动，充分利用重大历史事件和中华历史名人纪念活动、国家公祭仪式、烈士纪念日，充分利用各类爱国主义教育基地、历史遗迹等，展示爱国主义深刻内涵，培育爱国主义精神。加强国民礼仪教育。加大对国家重要礼仪的普及教育与宣传力度，在国家重大节庆活动中体现仪式感、庄重感、荣誉感，彰显中华传统礼仪文化的时代价值，树立文明古国、礼仪之邦的良好形象。研究提出承接传统习俗、符合现代文明要求的社会礼仪、服装服饰、文明用语规范，建立健全各类公共场所和网络公共空间的礼仪、礼节、礼貌规范，推动形成良好的言行举止和礼让宽容的社会风尚。把优秀传统文化思想理念体现在社会规范中，与制定市民公约、乡规民约、学生守则、行业规章、团体章程相结合。弘扬孝敬文化、慈善文化、诚信文化等，开展节俭养德全民行动和学雷锋志愿服务。广泛开展文明家庭创建活动，挖掘和整理家训、家书文化，用优良的家风家教培育青少年。挖掘和保护乡土文化资源，建设新乡贤文化，培育和扶持乡村文化骨干，提升乡土文化内涵，形成良性乡村文化生态，让子孙后代记得住乡愁。加强港澳台中华文化普及和交流，积极举办以中华文化为主题的青少年夏令营、冬令营以及诵读和书写中华经典等交流活动，鼓励港澳台艺术家参与国家在海外举办的感知中国、中国文化年（节）、欢乐春节等品牌活动，增强国家认同、民族认同、文化认同。

14. 推动中外文化交流互鉴。加强对外文化交流合作，创新人文交流方式，丰富文化交流内容，不断提高文化交流水平。充分运用海外中国文化中心、孔子学院，文化节展、文物展览、博览会、书展、电影节、体育活动、旅游推介和各类品牌活动，助推中华优秀传统文化的国际传播。支持中华医药、中华烹饪、中华武术、中华典籍、中国文物、中国园林、中国节日等中华传统文化代表性项目走出去。积极宣传推介戏曲、民乐、书法、国画等我国优秀传统文化艺术，让国外民众在审美过程中获得愉悦、感受魅力。加强"一带一路"沿线国家文化交流合作。鼓励发展对外文化贸易，让更多体现中华文化特色、具有较强竞争力的文化产品走向国际市场。探索中华文化国际传播与交流新模式，综合运用大众传播、群体传播、人际传播等方式，构建全方位、多层次、宽领域的中华文化传播格局。推进国际汉学交流和中外智库合作，加强中国出版物国际推广与传播，扶持汉学家和海外出版机构翻译出版中国图书，通过华侨华人、文化体育名人、各方面出境人员，依托我国驻外机构、中资企业、与我友好合作机构和世界各地的中餐馆等，讲好中国故事、传播好中国声音、阐释好中国特色、展示好中国形象。

四、组织实施和保障措施

15. 加强组织领导。各级党委和政府要从坚定文化自信、坚持和发展中国特色社会主义、实现中华民族伟大复兴的高度，切实把中华优秀传统文化传承发展工作摆上重要日程，加强宏观指导，提高组织化程度，纳入经济社会发展总体规划，纳入考核评价体系，纳入各级党校、行政学院教学的重要内容。各级党委宣传部门要发挥综合协调作用，整合各类资源，调动各方力量，推动形成党委统一领导、党政群协同推进、有关部门各负其责、全社会共同参与的中华优秀传统文化传承发展工作新格局。各有关部门和群团组织要按照责任分工，制定实施方案，完善工作机制，把各项任务落到实处。

16. 加强政策保障。加强中华优秀传统文化传承发展相关扶持政策的制定与实施，注重政策措施的系统性协同性操作性。加大中央和地方各级财政支持力度，同时统筹整合现有相关资金，支持中华优秀传统文化传承发展重点项目。制定和完善惠及中华优秀传统文化传承发展工程项目的金融支持政策。加大对国家重要文化和自然遗产、国家级非物质文化遗产等珍贵遗产资源保护利用设施建设的支持力度。建立中华优秀传统文化传承发展相关领域和部门合作共建机制。制定文物保护和非物质文化遗产保护专项规划。制定和完善历史文化名城名镇名村和历史文化街区保护的相关政策。完善相关奖励、补贴政策，落实税收优惠政策，引导和鼓励企业、社会组织及个人捐赠或共建相关文化项目。建立健全中华优秀传统文化传承发展重大项目首席专家制度，培养造就一批人民喜爱、有国际影响的中华文化代表人物。完善中华优秀传统文化传承发展的激励表彰制度，对为中华优秀传统文化传承发展和传播交流作出贡献、建立功勋、享有声誉的杰出海内外人士按规定授予功勋荣誉或进行表彰奖励。有关部门要研究出台入学、住房保障等方面的倾斜政策和措施，用以倡导和鼓励自强不息、敬业乐群、扶正扬善、扶危济困、见义勇为、孝老爱亲等传统美德。

17. 加强文化法治环境建设。修订文物保护法。制定文化产业促进法、公共图书馆法等相关法律，对中华优秀传统文化传承发展有关工作作出制度性安排。在教育、科技、卫生、体育、城乡建设、互联网、交通、旅游、语言文字等领域相关法律法规的制定修订中，增加中华优秀传统文化传承发展内容。加大涉及保护传承弘扬中华优秀传统文化法律法规施行力度，加强对法律法规实施情况的监督检查。充分发挥各行政主管部门在传承发展中华优秀传统文化中的重要作用，建立完善联动机制，严厉打击违法经营行为。加强法治宣传教育，增强全社会依法传承发展中华优秀传统文化的自觉意识，形成礼敬守护和传承发展中华优秀传统文化的良好法治环境。各地要根据本地传统文化传承保护的现状，制定完善地方性法规和政府规章。

18. 充分调动全社会积极性创造性。传承发展中华优秀传统文化是全体中华儿女的共同责任。坚持全党动手、全社会参与，把中华优秀传统文化传承发展的各项任务落实到农村、企业、社区、机关、学校等城乡基层。各类文化单位机构、各级文化阵地平台，都要担负起守护、传播和弘扬中华优秀传统文化的职责。各类企业和社会组织要积极参与文化资源的开发、保护与利用，生产丰富多样、社会价值和市场价值相统一、人民喜闻乐见的优质文化产品，扩大中高端文化产品和服务的供给。充分尊重工人、农民、知识分子的主体地位，发挥领导干部的带头作用，发挥公众人物的示范作用，发挥青少年的生力军作用，发挥先进模范的表率作用，发挥非公有制经济组织和社会组织从业人员的积极作用，发挥文化志愿者、文化辅导员、文艺骨干、文化经营者的重要作用，形成人人传承发展中华优秀传统文化的生动局面。

中国传统工艺振兴计划

国务院办公厅

关于转发文化部等部门中国传统工艺振兴计划的通知

国办发〔2017〕25 号

各省、自治区、直辖市人民政府，国务院各部委、各直属机构：

文化部、工业和信息化部、财政部《中国传统工艺振兴计划》已经国务院同意，现转发给你们，请结合实际，认真贯彻执行。

国务院办公厅

2017 年 3 月 12 日

为落实党的十八届五中全会关于"构建中华优秀传统文化传承体系，加强文化遗产保护，振兴传统工艺"和《中华人民共和国国民经济和社会发展第十三个五年规划纲要》关于"制定实施中国传统工艺振兴计划"的要求，促进中国传统工艺的传承与振兴，特制定本计划。

本计划所称传统工艺，是指具有历史传承和民族或地域特色、与日常生活联系紧密、主要使用手工劳动的制作工艺及相关产品，是创造性的手工劳动和因材施艺的个性化制作，具有工业化生产不能替代的特性。

一、重要意义

中国各族人民在长期社会生活实践中共同创造的传统工艺，蕴含着中华民族的文化价值观念、思想智慧和实践经验，是非物质文化遗产的重要组成部分。我国传统工艺门类众多，涵盖衣食住行，遍布各族各地。振兴传统工艺，有助于传承与发展中华优秀传统文化，涵养文化生态，丰富文化资源，增强文化自信；有助于更好地发挥手工劳动的创造力，发现手工劳动的创造性价值，在全社会培育和弘扬精益求精的工匠精神；有助于促进就业，实现精准扶贫，提高城乡居民收入，增强传统街区和村落活力。

二、总体要求

（一）总体目标。立足中华民族优秀传统文化，学习借鉴人类文明优秀成果，发掘和运用传统工艺所包含的文化元素和工艺理念，丰富传统工艺的题材和产品品种，提升设计与制作水平，提高产品品质，培育中国工匠和知名品牌，使传统工艺在现代生活中得到新的广泛应用，更好满足人民群众消费升级的需要。到2020年，传统工艺的传承和再创造能力、行业管理水平和市场竞争力、从业者收入以及对城乡就业的促进作用得到明显提升。

（二）基本原则。

尊重优秀传统文化。尊重地域文化特点、尊重民族传统，保护文化多样性，维护和弘扬传统工艺所蕴含的文化精髓和价值。

坚守工匠精神。厚植工匠文化，倡导专注坚守、追求卓越，树立质量第一意识，推动品质革命，加强品牌建设，多出精品、多出人才。

激发创造活力。保护广大手工艺者个性，挖掘创造性手工的价值，激发因材施艺灵感和精心手作潜能，恢复和发展濒危或退化的优秀工艺和元素。

促进就业增收。发挥传统工艺覆盖面广、兼顾农工、适合家庭生产的优势，扩大就业创业，促进精准扶贫，增加城乡居民收入。

坚持绿色发展。增强生态保护意识，合理利用天然材料，反对滥用不可再生的天然原材料资源，禁止使用非法获取的珍稀动植物资源。

三、主要任务

（一）建立国家传统工艺振兴目录。以国家级非物质文化遗产代表性项目名录为基础，对具备一定传承基础和生产规模、有发展前景、有助于带动就业的传统工艺项目，建立国家传统工艺振兴目录。实施动态管理，鼓励地方参照建立本级的传统工艺振兴目录。对列入振兴目录的项目，予以重点支持。

（二）扩大非物质文化遗产传承人队伍。鼓励技艺精湛、符合条件的中青年传承人申报并进入各级非物质文化遗产代表性项目代表性传承人队伍，形成合理梯队，调动年轻一代从事传统工艺的积极性，培养高水平大国工匠队伍。各地要通过多种方式，为收徒授艺等传统工艺传习活动提供支持。引导返乡下乡人员结合自身优势和特长，发展传统工艺、文化创意等产业。

（三）将传统工艺作为中国非物质文化遗产传承人群研修研习培训计划实施重点。依托相关高校、企业、机构，组织传统工艺持有者、从业者等传承人群参加研修、研习和培训，提高传承能力，增强传承后劲。组织优秀传承人、工艺师及设计、管理人员，到传统工艺项目所在地开展巡回讲习，扩大传承人群培训面。倡导传承人群主动学习，鼓励同行之间或跨行业切磋互鉴，提高技艺水平，提升再创造能力。

（四）加强传统工艺相关学科专业建设和理论、技术研究。支持具备条件的高校开设传统工艺的相关专业和课程，培养传统工艺专业技术人才和理论研究人才。支持具备条件的职业院校加强传统工艺专业建设，培养具有较好文化艺术素质的技术技能人才。积极推行现代学徒制，建设一批技能大师工作室，鼓励代表性传承人参与职业教育教学和开展研究。支持有条件的学校帮助传统工艺传承人群提升学历水平。鼓励高校、研究机构、企业等设立传统工艺的研究基地、重点实验室等，在保持优秀传统的基础上，探索手工技艺与现代科技、工艺装备的有机融合，提高材料处理水平，切实加强成果转化。加强传统工艺的挖掘、记录和整理。对具有独特历史意义的濒危传统工艺项目，加快实施抢救性记录，落实保护与传承措施。鼓励出版有关传统工艺的专著、译著、图册等研究和实践成果。

（五）提高传统工艺产品的设计、制作水平和整体品质。强化质量意识、精品意识、品牌意识和市场意识，结合现代生活需求，改进设计，改善材料，改良制作，并引入现代管理制度，广泛开展质量提升行动，加强全面质量管理，提高传统工艺产品的整体品质和市场竞争力。鼓励传统工艺从业者在自己的作品或产品上署名或使用手作标识，支持发展基于手工劳动、富有文化内涵的现代手工艺。鼓励传统工艺企业和从业者合理运用知识产权制度，注册产品商标，保护商业秘密和创新成果。

支持有条件的地方注册地理标志证明商标或集体商标，培育有民族特色的传统工艺知名品牌。鼓励拥有较强设计能力的企业、高校和相关单位到传统工艺项目集中地设立工作站，帮助当地传统工艺企业和从业者解决工艺难题，提高产品品质，培育品牌，拓展市场。依托乡村旅游创客示范基地和返乡下乡人员创业创新培训园区（基地），推动传统工艺品的生产、设计等和发展乡村旅游有机结合。开展多种形式的传统工艺大赛、技能大赛，发现、扶持传统工艺创意人才。

（六）拓宽传统工艺产品的推介、展示、销售渠道。鼓励在传统工艺集中的历史文化街区和村镇、自然和人文景区、传统工艺项目集中地，设立传统工艺产品的展示展销场所，集中展示、宣传和推介具有民族或地域特色的传统工艺产品，推动传统工艺与旅游市场的结合。在非物质文化遗产、旅游等相关节会上设立传统工艺专区。举办多种传统工艺博览会和传统工艺大展，为传统工艺搭建更多展示交易平台。鼓励商业网站与相关专业网站设立网络销售平台，帮助推介传统工艺产品。

（七）加强行业组织建设。鼓励地方成立传统工艺行业组织。行业组织要制定产品质量行业标准，组织或支持开展面向本地区或本行业传承人群的培训和交流等活动，并提供信息发布、权益维护等服务。

（八）加强文化生态环境的整体保护。鼓励各地对传统工艺集中的乡镇、街道和村落实施整体性保护。结合传统村落、少数民族特色村镇和历史文化街区保护，注意保护传统工艺相关的文化空间和特定的自然人文环境。鼓励研发绿色环保材料，改进有污染的工艺流程，加强生态环境保护。整合现有资源开展非商业性象牙雕刻技艺研究和传承，引导和支持使用替代材料传承以象牙等珍稀动植物资源为原材料的相关技艺。

（九）促进社会普及教育。继续开展非物质文化遗产进校园等活动。支持各地将传统工艺纳入高校人文素质课程和中小学相关教育教学活动；支持大中小学校组织开展体现地域特色、民族特色的传统工艺体验和比赛，提高青少年的动手能力和创造能力，加深对传统文化的认知。鼓励电视、网络媒体等推出丰富多彩的传统工艺类节目。拍摄和译制传统工艺纪录片、教学片和宣传片，弘扬工匠精神，促进知识传播、普及和技艺交流，方便大众学习传统工艺知识。鼓励有关部门和社会组织积极参与或组织传统工艺相关活动，充分发挥各级公共文化机构的作用，依托公共文化服务场所积极开展面向社区的传统工艺展演、体验、传习、讲座、培训等各类活动，使各级公共文化机构成为普及推广传统工艺的重要阵地，丰富民众文化生活，增强传统工艺的社会认同。

（十）开展国际交流与合作。通过双边、多边渠道，组织传统工艺传承人、企业和行业组织代表开展国际交流和研修培训，以及技术领域的研究与合作，开拓视野，借鉴经验。

四、保障措施

（一）加强统筹协调。各级人民政府有关部门要结合发展繁荣文化事业和文化产业、精准扶贫、新农村建设、少数民族传统手工艺及特色村镇保护与发展、传统村落保护、美丽乡村建设、乡村旅游发展等工作，积极探索振兴传统工艺的有效途径。广泛开展面向农村剩余劳动力、城市下岗职工、城乡残疾人、返乡下乡创业创新人员、民族地区群众的手工艺技能培训，鼓励其从事传统工艺生产。引导非物质文化遗产生产性保护示范基地发挥示范引领作用。

（二）落实支持政策。利用现有资金渠道，对符合规定的传统工艺相关项目以及特色文化产业传统工艺发展予以适当支持。将传统工艺展示、传习基础设施建设纳入"十三五"时期文化旅游提升工程。传统工艺企业符合现行小微企业和高新技术企业等税收优惠政策条件的，可按规定享受税收优惠政策。

（三）加强金融服务。探索建立传统工艺企业无形资产评估准则体系，支持符合条件的传统工艺企业融资发展。鼓励金融机构开发适合传统工艺企业特点的金融产品和服务，加强对传统工艺企业的投融资支持与服务。

（四）鼓励社会参与。鼓励社会力量兴办传统工艺企业，建设传统工艺展示、传习场所和公共服务平台，举办传统工艺的宣传、培训、研讨和交流合作等。

农业部关于加强农业行业
扶贫工作的指导意见

农业部关于印发

《农业部关于加强农业行业扶贫工作的指导意见》的通知

农计发〔2012〕42号

各省、自治区、直辖市及计划单列市农业（农牧、农村经济）、农机、畜牧、兽医、农垦、乡镇企业、渔业厅（局、委、办），新疆生产建设兵团农业局，部机关各司局、直属各单位：

为贯彻落实《中国农村扶贫开发纲要（2011-2020年）》和中央扶贫开发工作会议精神，进一步做好新时期农业行业扶贫工作，按照农业部武陵山区定点扶贫暨行业扶贫工作会议的部署，我部制定了《农业部关于加强农业行业扶贫工作的指导意见》。现印发你们，请认真贯彻落实。

农业部

2012年10月23日

扶贫开发工作在党和国家工作全局中具有特殊重要的战略地位。在我国全面建设小康社会进入关键时期的新形势下，党中央国务院颁布实施《中国农村扶贫开发纲要（2011-2020

年）》，并召开中央扶贫开发工作会议，对加强扶贫开发工作进行了全面部署。为认真贯彻落实中央扶贫开发工作会议精神，进一步做好新时期农业行业扶贫工作，提出如下意见。

一、深刻认识做好新时期农业行业扶贫工作的重要意义，进一步增强责任感和使命感

（一）做好农业行业扶贫工作是贯彻落实中央关于新时期扶贫开发事业各项决策部署的重要举措。党和国家始终高度重视扶贫开发事业。改革开放以来党和国家正式启动全国范围有计划、有组织的大规模开发式扶贫，取得了举世瞩目的巨大成就，成功走出了一条中国特色扶贫开发道路。2011 年 5 月中共中央、国务院颁布实施了《中国农村扶贫开发纲要（2011 - 2020 年）》，2011 年 11 月底又召开了中央扶贫开发工作会议，进一步明确了部门行业扶贫工作的任务与要求，明确提出各行业部门要把改善贫困地区发展环境和条件作为本行业发展规划的重要内容，在资金、项目等方面向贫困地区倾斜，切实完成本行业国家确定的扶贫任务。做好农业行业扶贫工作，指导和帮助贫困地区农业农村经济加快发展，是落实中央关于新时期扶贫开发工作各项决策部署的重要举措，是新时期农业部门的一项重要的政治任务。

（二）做好农业行业扶贫工作是改变贫困地区落后面貌、全面建设小康社会的必然要求。改革开放以来，我国大力推进扶贫开发，农村贫困人口大幅减少，农村居民生存和温饱问题基本解决。但是，扶贫开发是一项长期历史任务，我国区域发展不平衡问题突出，制约贫困地区发展的深层次矛盾依然存在。扶贫对象规模大，相对贫困问题凸显，返贫现象时有发生，贫

困地区特别是集中连片特殊困难地区发展相对滞后。做好农业行业扶贫工作，不断改善农牧民生产生活条件，推动贫困地区农牧业加快发展，可以有效减少贫困人口，改变贫困地区落后面貌，保障全体人民共享经济社会发展成果。

（三）做好农业行业扶贫工作是加快贫困地区农牧业发展、促进农牧民增收的重要任务。农牧业是广大贫困地区的支柱产业，是惠及广大农牧民最直接的民生产业。由于自然、历史等多方面原因，贫困地区农牧业发展还普遍存在基础设施薄弱、科技装备水平落后、农牧民素质低、产业化发展水平不高等方面问题。解决这些问题，不仅需要贫困地区广大干部群众自身的力量，还需要全国农业系统的帮助和支持。做好农业行业扶贫工作，大力发展现代农业，调整农业产业结构，培育特色产业，提高农牧民素质，是加快贫困地区农牧业发展、促进农牧民增收的重要任务。

长期以来，农业部和全国农业系统按照中央的部署和要求，坚持把支持贫困地区（包括贫困农牧场）农牧业发展作为重要的政治任务，不断加大对贫困地区农牧业发展的支持力度，先后指导和帮助贫困地区编制了多项重大发展和建设规划，倾斜性安排各类建设和专项资金，派出多批管理干部和技术人员支持参与贫困地区农牧业建设，逐步形成和完善了全方位行业扶贫的工作格局，为贫困地区优势特色产业发展、生产生活条件改善和农牧民增收做出了积极贡献。做好新时期农业行业扶贫工作，要求农业部系统和各级农业部门进一步从全局和战略高度，切实把思想统一到中央的科学判断上来，把思路统一到中央的战略决策上来，把行动统一到中央的部署安排上来。要准确把握扶贫开发工作面临的新情况、新形势和新任务，切实增强责任感、使命感和紧迫感，充分发挥行业优势和职能，以定点扶贫和集中连片扶贫为重点，采取更加有力的措施，进一步扎实开展行业扶贫工作，更加注重体制机制创新，更加注重转变发展方式，更加注重增强贫困地区自我发展能力，认认真真地为贫困地区做好事、办实事、解难事，促进以集中连片特殊困难地区为主战场的广大贫困地区农牧业发展、农牧区繁荣和农牧民富裕，确保这些地区与全国同步实现全面建设小康社会的宏伟目标。

二、突出重点，进一步明确农业行业扶贫各项工作任务

新时期扎实做好农业行业扶贫工作，在总体思路上，要深入贯彻落实科学发展观，立足贫困地区资源优势和环境条件，坚持统筹推进工业化、城镇化和农牧业现代化，以提升特色农产品生产能力为重点，以增加农牧民收入和改善生产生活条件为核心，帮助贫困地区不断强化农业基础设施，做大做强特色产业，推动科技创新，开展农民培训，开拓农产品市场，扩大农民就业，逐步走出一条具有中国特色的贫困地区现代农牧业发展道路。

按照上述思路，要着力抓好以下六个方面的重点工作：

（一）大力发展特色农牧业。继续通过种养业良种工程、园艺作物标准园创建、畜牧业渔业标准化规模养殖等项目建设，优化产业结构，转变发展方式，扶持贫困地区特色种养业发展，大力发展"三品一标"，打造一批具有一定市场竞争力的知名品牌，推进特色种养殖产品规模化生产、标准化管理、产业化经营、品牌化营销。同时，依托贫困地区独特的自然资源环境和民族文化，

积极拓展农业多功能，发展特色经济和休闲农业、生态农业，努力拓宽农民增收渠道，增强贫困地区发展内生动力。

（二）切实加强基础设施建设。加大水土流失治理，加强中低产田改造和高标准农田建设，完善农田水利设施，大力发展旱作节水农业，稳步提高农业综合生产能力。鼓励研发推广适合贫困地区特点的农牧业机械，加快推进农牧业装备现代化。因地制宜采取多种模式，开展草原防火、雪灾、鼠虫害、有害生物防治以及饲草料基地等建设，加快实施游牧民定居工程，改善牧区生产生活条件。力争通过几年的努力，使贫困地区农业基础设施有较为明显地改善。

（三）积极推进农业科技进步。围绕贫困地区特色农牧业发展，加大农业科技协作攻关和成果转化力度，加快推广农作物优质高产品种和高效栽培模式、测土配方施肥技术、无公害生产技术、秸秆综合利用技术等适合贫困地区特点及需求的良种良法。加强动植物防疫体系建设等各类农牧业支撑保障服务体系建设，不断增强服务功能。发挥行业优势，积极帮助开展举办各种类型的管理、实用技术、就业技能培训，提高干部群众综合素质和劳动技能，积极推动农村劳动力转移就业。继续做好干部到贫困地区挂职锻炼和"博士服务团"成员选派工作。

（四）加快推进产业化经营。切实加大对农业产业化龙头企业的扶持力度，完善扶持政策，强化指导服务，不断增强龙头企业辐射带动能力。加快发展农民专业合作社，通过引导农民专业合作社依法办社、支持加工冷链等设施建设，进一步提高农民专业合作社自身实力、发展活力和带动能力。支持粮油、林果、畜禽水产等特色农产品加工，不断延伸产业链条，提升优势特色农牧产品市场竞争力。

（五）进一步扩大市场开拓。加快实施"金农工程"农业综合信息服务平台建设，利用现代及传统传媒手段，为广大生产企业和农牧民提供及时有效的信息服务。积极牵线搭桥，发挥发达地区人才、资金和技术优势，引导企业和社会力量参与贫困地区特色农牧产品生产和开发，实现优势互补，互惠互利。支持和鼓励贫困地区农牧企业参加各类博览会、展销会等，多种形式促进产销对接，不断提高产品市场知名度。

（六）不断加大生态保护与建设力度。进一步加大退牧还草等工程实施力度，大力加强草原建设与保护，采取禁牧、休牧、轮牧等措施，恢复天然草原植被和生态功能。深入实施草原生态保护补助奖励政策，推进草原畜牧业发展，促进牧民增收。继续大力支持农村沼气工程建设，推广应用节能灶、固体成型燃料等农村能源建设项目，带动改水、改厨、改厕、改圈和秸秆综合利用。指导农民合理使用农药、化肥、地膜等，积极发展农业循环经济，加强农村环境综合治理，创建环境优美的新农牧区。

三、采取有效措施，确保农业行业扶贫各项工作落到实处

扶贫开发是一项长期的历史任务。各级农业部门要按照中央的部署和要求，把责任目标体现在规划引领上，把任务措施落实在项目建设上，把责任保障体现在加强领导上，采取有效措施，把农业行业扶贫工作落到实处。

（一）进一步加强领导。行业扶贫工作涉及方方面面，要把各方面力量调动好、组织好、协调好、整合好、发挥好。要按照中央新时期扶贫开发工作的新要求，进一步加强领导，强化指导，整体部署，分类推进。农业部定点扶贫工作领导小组要充分发挥

作用，切实加强工作指导和统筹谋划。全国农业系统要把做好行业扶贫工作列入重要议事日程，摆在更加突出的位置，发挥行业优势，以定点扶贫地区和集中连片特殊困难地区为重点，不断加大对贫困地区、贫困农牧场的支持力度，务求实效。

（二）进一步落实责任。全国农业系统要按照职能，围绕做好行业扶贫工作，在挖潜、对接、结合上下功夫，进一步突出重点、强化责任，抓出亮点，把扶贫开发工作抓出气势，抓出成效，抓出影响力，尽快造福人民群众。工作中，既要重视"输血"式扶贫，更要重视"造血"式扶贫，特别要注意坚决杜绝"面子工程"、形式主义。

（三）进一步完善机制。要注意在实践中完善和落实扶持贫困地区发展的各项政策措施，不断探索创新开展定点扶贫和行业扶贫工作的思路和方法。逐步建立完善情况沟通与通报制度，加强工作监督检查，随时掌握了解工作情况和进展。加强与扶贫等部门的衔接，做好与各片区联系单位的沟通与配合，善于整合和调动各方面力量开展工作，不断增强工作活力和实际效果。特别要充分调动和发挥贫困地区干部群众的主体作用，用自己的双手创造幸福美好生活。

（四）进一步扩大宣传。坚持宣传发动到位，重点宣传党和国家对贫困地区农业工作的高度重视，宣传各地各单位对贫困地区农业发展的无私帮助，宣传行业扶贫工作所取得的成绩和典型，宣传各级干部群众的无私奉献精神，凝聚各方面力量，进一步在全社会形成关心支持定点扶贫和行业扶贫的良好氛围。

（附件略）

国务院办公厅关于加快推进
农业供给侧结构性改革
大力发展粮食产业经济的意见

国办发〔2017〕78号

各省、自治区、直辖市人民政府，国务院各部委、各直属机构：

近年来，我国粮食连年丰收，为保障国家粮食安全、促进经济社会发展奠定了坚实基础。当前，粮食供给由总量不足转为结构性矛盾，库存高企、销售不畅、优质粮食供给不足、深加工转化滞后等问题突出。为加快推进农业供给侧结构性改革，大力发展粮食产业经济，促进农业提质增效、农民就业增收和经济社会发展，经国务院同意，现提出以下意见。

一、总体要求

（一）指导思想。全面贯彻党的十八大和十八届三中、四中、五中、六中全会精神，深入贯彻习近平总书记系列重要讲话精神和治国理政新理念新思想新战略，认真落实党中央、国务院决策部署，统筹推进"五位一体"总体布局和协调推进"四个全面"战略布局，牢固树立创新、协调、绿色、开放、共享的发展理念，全面落实国家粮食安全战略，以加快推进农业供给侧结构性改革为主线，以增加绿色优质粮食产品供给、有效解决市场化形势下农民卖粮问题、促进农民持续增收和保障粮食质量安全为重点，大力实施优质粮食工程，推动粮食产业创新发展、转型升级和提质增效，为构建更高层次、更高质量、更有效率、更可持续的粮食安全保障体系夯实产业基础。

（二）基本原则。

坚持市场主导，政府引导。以市场需求为导向，突出市场主体地位，激发市场活力和企业创新动力，发挥市场在资源配置中的决定性作用。针对粮食产业发展的薄弱环节和制约瓶颈，强化政府规划引导、政策扶持、监管服务等作用，着力营造产业发展良好环境。

坚持产业融合，协调发展。树立"大粮食"、"大产业"、"大市场"、"大流通"理念，充分发挥粮食加工转化的引擎作用，推动仓储、物流、加工等粮食流通各环节有机衔接，以相关利益联结机制为纽带，培育全产业链经营模式，促进一二三产业融合发展。

坚持创新驱动，提质增效。围绕市场需求，发挥科技创新的支撑引领作用，深入推进大众创业、万众创新，加快体制机制、经营方式和商业模式创新，积极培育新产业、新业态等新动能，提升粮食产业发展质量和效益。

坚持因地制宜，分类指导。结合不同区域、不同领域、不同主体的实际情况，选择适合自身特点的粮食产业发展模式。加强统筹协调和政策引导，推进产业发展方式转变，及时总结推广典型经验，注重整体效能和可持续性。

（三）主要目标。到 2020 年，初步建成适应我国国情和粮情的现代粮食产业体系，产业发展的质量和效益明显提升，更好地保障国家粮食安全和带动农民增收。绿色优质粮食产品有效供给稳定增加，全国粮食优质品率提高 10 个百分点左右；粮食产业增加值年均增长7%左右，粮食加工转化率达到88%，主食品工业化率提高到25%以上；主营业务收入过百亿的粮食企业数量达到50个以上，大型粮食产业化龙头企业和粮食产业集群辐射带动能力持续增强；粮食科技创新能力和粮食质量安全保障能力进一步提升。

二、培育壮大粮食产业主体

（四）增强粮食企业发展活力。适应粮食收储制度改革需要，深化国有粮食企业改革，发展混合所有制经济，加快转换经营机制，增强市场化经营能力和产业经济发展活力。以资本为纽带，构建跨区域、跨行业"产购储加销"协作机制，提高国有资本运行效率，延长产业链条，主动适应和引领粮食产业转型升级，做强做优做大一批具有竞争力、影响力、控制力的骨干国有粮食企业，有效发挥稳市场、保供应、促发展、保安全的重要载体作用。鼓励国有粮食企业依托现有收储网点，主动与新型农业经营主体等开展合作。培育、发展和壮大从事粮食收购和经营活动的多元粮食市场主体，建立健全统一、开放、竞争、有序的粮食市场体系。（国家粮食局、国务院国资委等负责）

（五）培育壮大粮食产业化龙头企业。在农业产业化国家重点龙头企业认定工作中，认定和扶持一批具有核心竞争力和行业带动力的粮食产业化重点龙头企业，引导支持龙头企业与新型农业经营主体和农户构建稳固的利益联结机制，引导优质粮食品种种植，带动农民增收致富。支持符合条件的龙头企业参与承担政策性粮食收储业务；在确保区域粮食安全的前提下，探索创新龙头企业参与地方粮食储备机制。（国家发展改革委、

国家粮食局、农业部、财政部、商务部、工商总局、质检总局、中储粮总公司等负责）

（六）支持多元主体协同发展。发挥骨干企业的示范带动作用，鼓励多元主体开展多种形式的合作与融合，大力培育和发展粮食产业化联合体。支持符合条件的多元主体积极参与粮食仓储物流设施建设、产后服务体系建设等。鼓励龙头企业与产业链上下游各类市场主体成立粮食产业联盟，共同制订标准、创建品牌、开发市场、攻关技术、扩大融资等，实现优势互补。鼓励通过产权置换、股权转让、品牌整合、兼并重组等方式，实现粮食产业资源优化配置。（国家发展改革委、国家粮食局、工业和信息化部、财政部、农业部、工商总局等负责）

三、创新粮食产业发展方式

（七）促进全产业链发展。粮食企业要积极参与粮食生产功能区建设，发展"产购储加销"一体化模式，构建从田间到餐桌的全产业链。推动粮食企业向上游与新型农业经营主体开展产销对接和协作，通过定向投入、专项服务、良种培育、订单收购、代储加工等方式，建设加工原料基地，探索开展绿色优质特色粮油种植、收购、储存、专用化加工试点；向下游延伸建设物流营销和服务网络，实现粮源基地化、加工规模化、产品优质化、服务多样化，着力打造绿色、有机的优质粮食供应链。开展粮食全产业链信息监测和分析预警，加大供需信息发布力度，引导粮食产销平衡。（国家发展改革委、国家粮食局、农业部、质检总局、国家认监委等负责）

（八）推动产业集聚发展。深入贯彻区域发展总体战略和"一带一路"建设、京津冀协同发展、长江经济带发展三大战略，发挥区域和资源优势，推动粮油产业集聚发展。依托粮食主产区、特色粮油产区和关键粮食物流节点，推进产业向优势产区集中布局，完善进口粮食临港深加工产业链。发展粮油食品产业集聚区，打造一批优势粮食产业集群，以全产业链为纽带，整合现有粮食生产、加工、物流、仓储、销售以及科技等资源，支持建设国家现代粮食产业发展示范园区（基地），支持主销区企业到主产区投资建设粮源基地和仓储物流设施，鼓励主产区企业到主销区建立营销网络，加强产销区产业合作。（国家发展改革委、国家粮食局、工业和信息化部、财政部、商务部、中国铁路总公司等负责）

（九）发展粮食循环经济。鼓励支持粮食企业探索多途径实现粮油副产物循环、全值和梯次利用，提高粮食综合利用率和产品附加值。以绿色粮源、绿色仓储、绿色工厂、绿色园区为重点，构建绿色粮食产业体系。鼓励粮食企业建立绿色、低碳、环保的循环经济系统，降低单位产品能耗和物耗水平。推广"仓顶阳光工程"、稻壳发电等新能源项目，大力开展米糠、碎米、麦麸、麦胚、玉米芯、饼粕等副产物综合利用示范，促进产业节能减排、提质增效。（国家发展改革委、国家粮食局、工业和信息化部、农业部、国家能源局等负责）

（十）积极发展新业态。推进"互联网+粮食"行动，积极发展粮食电子商务，推广"网上粮店"等新型粮食零售业态，促进线上线下融合。完善国家粮食电子交易平台体系，拓展物流运输、金融服务等功能，发挥其服务种粮农民、购粮企业的重要作用。加大粮食文化资源的保护和开发利用力度，支持爱粮节粮宣传教育基地和粮食文化展示基地建设，鼓励发展粮食

产业观光、体验式消费等新业态。(国家粮食局、国家发展改革委、工业和信息化部、财政部、农业部、商务部、国家旅游局等负责)

(十一)发挥品牌引领作用。加强粮食品牌建设顶层设计,通过质量提升、自主创新、品牌创建、特色产品认定等,培育一批具有自主知识产权和较强市场竞争力的全国性粮食名牌产品。鼓励企业推行更高质量标准,建立粮食产业企业标准领跑者激励机制,提高品牌产品质量水平,大力发展"三品一标"粮食产品,培育发展自主品牌。加强绿色优质粮食品牌宣传、发布、人员培训、市场营销、评价标准体系建设、展示展销信息平台建设,开展丰富多彩的品牌创建和产销对接推介活动、品牌产品交易会等,挖掘区域性粮食文化元素,联合打造区域品牌,促进品牌整合,提升品牌美誉度和社会影响力。鼓励企业获得有机、良好农业规范等通行认证,推动出口粮食质量安全示范区建设。加大粮食产品的专利权、商标权等知识产权保护力度,严厉打击制售假冒伪劣产品行为。加强行业信用体系建设,规范市场秩序。(国家粮食局、国家发展改革委、工业和信息化部、农业部、工商总局、质检总局、国家标准委、国家知识产权局等负责)

四、加快粮食产业转型升级

(十二)增加绿色优质粮油产品供给。大力推进优质粮食工程建设,以市场需求为导向,建立优质优价的粮食生产、分类收储和交易机制。增品种、提品质、创品牌,推进绿色优质粮食产业体系建设。实施"中国好粮油"行动计划,开展标准引领、质量测评、品牌培育、健康消费宣传、营销渠道和平台建设及试点示范。推进出口食品农产品生产企业内外销产品"同线同标同质"工程，实现内销转型，带动产业转型升级。调优产品结构，开发绿色优质、营养健康的粮油新产品，增加多元化、定制化、个性化产品供给，促进优质粮食产品的营养升级扩版。推广大米、小麦粉和食用植物油适度加工，大力发展全谷物等新型营养健康食品。推动地方特色粮油食品产业化，加快发展杂粮、杂豆、木本油料等特色产品。适应养殖业发展新趋势，发展安全环保饲料产品。（财政部、国家粮食局、国家发展改革委、工业和信息化部、农业部、工商总局、质检总局、国家林业局等负责）

（十三）大力促进主食产业化。支持推进米面、玉米、杂粮及薯类主食制品的工业化生产、社会化供应等产业化经营方式，大力发展方便食品、速冻食品。开展主食产业化示范工程建设，认定一批放心主食示范单位，推广"生产基地+中央厨房+餐饮门店"、"生产基地+加工企业+商超销售"、"作坊置换+联合发展"等新模式。保护并挖掘传统主食产品，增加花色品种。加强主食产品与其他食品的融合创新，鼓励和支持开发个性化功能性主食产品。（国家粮食局、工业和信息化部、财政部、农业部、商务部、工商总局等负责）

（十四）加快发展粮食精深加工与转化。支持主产区积极发展粮食精深加工，带动主产区经济发展和农民增收。着力开发粮食精深加工产品，增加专用米、专用粉、专用油、功能性淀粉糖、功能性蛋白等食品以及保健、化工、医药等方面的有效供给，加快补齐短板，减少进口依赖。发展纤维素等非粮燃料乙醇；在保障粮食供应和质量安全的前提下，着力处置霉变、重金属超标、超期储存粮食等，适度发展粮食燃料乙醇，推广使用车用乙醇汽油，探索开展淀粉类生物基塑料和生物降解材料试点示范，加快消化政策性粮食库存。支持地方出台有利于粮食精深加工转化的政策，促进玉米深加工业持续健康发展。强化食品质量安全、环保、能耗、安全生产等约束，促进粮食企业加大技术改造力度，倒逼落后加工产能退出。（国家发展改革委、国家粮食局、工业和信息化部、财政部、食品药品监管总局、国家能源局等负责）

（十五）统筹利用粮食仓储设施资源。通过参股、控股、融资等多种形式，放大国有资本功能，扩展粮食仓储业服务范围。多渠道开发现有国有粮食企业仓储设施用途，为新型农业经营主体和农户提供粮食产后服务，为加工企业提供仓储保管服务，为期货市场提供交割服务，为"互联网+粮食"经营模式提供交割仓服务，为城乡居民提供粮食配送服务。（国家粮食局、国家发展改革委、证监会等负责）

五、强化粮食科技创新和人才支撑

（十六）加快推动粮食科技创新突破。支持创新要素向企业集聚，加快培育一批具有市场竞争力的创新型粮食领军企业，引导企业加大研发投入和开展创新活动。鼓励科研机构、高校与企业通过共同设立研发基金、实验室、成果推广工作站等方式，聚焦企业科技创新需求。加大对营养健康、质量安全、节粮减损、加工转化、现代物流、"智慧粮食"等领域相关基础研究和急需关键技术研发的支持力度，推进信息、生物、新材料等高新技术在粮食产业中的应用，加强国内外粮食质量检验技术标准比对及不合格粮食处理技术等研究，开展进出口粮食检

验检疫技术性贸易措施及相关研究。（科技部、质检总局、自然科学基金会、国家粮食局等负责）

（十七）加快科技成果转化推广。深入实施"科技兴粮工程"，建立粮食产业科技成果转化信息服务平台，定期发布粮食科技成果，促进粮食科技成果、科技人才、科研机构等与企业有效对接，推动科技成果产业化。发挥粮食领域国家工程实验室、重点实验室成果推广示范作用，加大粮食科技成果集成示范基地、科技协同创新共同体和技术创新联盟的建设力度，推进科技资源开放共享。（科技部、国家粮食局等负责）

（十八）促进粮油机械制造自主创新。扎实推进"中国制造2025"，发展高效节粮节能成套粮油加工装备。提高关键粮油机械及仪器设备制造水平和自主创新能力，提升粮食品质及质量安全快速检测设备的技术水平。引入智能机器人和物联网技术，开展粮食智能工厂、智能仓储、智能烘干等应用示范。（工业和信息化部、国家粮食局、国家发展改革委、科技部、农业部等负责）

（十九）健全人才保障机制。实施"人才兴粮工程"，深化人才发展体制改革，激发人才创新创造活力。支持企业加强与科研机构、高校合作，创新人才引进机制，搭建专业技术人才创新创业平台，遴选和培养一批粮食产业技术体系专家，凝聚高水平领军人才和创新团队为粮食产业服务。发展粮食高等教育和职业教育，支持高等院校和职业学校开设粮食产业相关专业和课程，完善政产学研用相结合的协同育人模式，加快培养行业短缺的实用型人才。加强职业技能培训，举办职业技能竞赛活动，培育"粮工巧匠"，提升粮食行业职工的技能水平。

（国家粮食局、人力资源社会保障部、教育部等负责）

六、夯实粮食产业发展基础

（二十）建设粮食产后服务体系。适应粮食收储制度改革和农业适度规模经营的需要，整合仓储设施资源，建设一批专业化、市场化的粮食产后服务中心，为农户提供粮食"五代"（代清理、代干燥、代储存、代加工、代销售）服务，推进农户科学储粮行动，促进粮食提质减损和农民增收。（财政部、国家粮食局、国家发展改革委等负责）

（二十一）完善现代粮食物流体系。加强粮食物流基础设施和应急供应体系建设，优化物流节点布局，完善物流通道。支持铁路班列运输，降低全产业链物流成本。鼓励产销区企业通过合资、重组等方式组成联合体，提高粮食物流组织化水平。加快粮食物流与信息化融合发展，促进粮食物流信息共享，提高物流效率。推动粮食物流标准化建设，推广原粮物流"四散化"（散储、散运、散装、散卸）、集装化、标准化，推动成品粮物流托盘等标准化装载单元器具的循环共用，带动粮食物流上下游设施设备及包装标准化水平提升。支持进口粮食指定口岸及港口防疫能力建设。（国家发展改革委、国家粮食局、交通运输部、商务部、质检总局、国家标准委、中国铁路总公司等负责）

（二十二）健全粮食质量安全保障体系。支持建设粮食质量检验机构，形成以省级为骨干、以市级为支撑、以县级为基础的公益性粮食质量检验监测体系。加快优质、特色粮油产品标准和相关检测方法标准的制修订。开展全国收获粮食质量调查、品质测报和安全风险监测，加强进口粮食质量安全监管，建立进口粮食疫情监测和联防联控机制。建立覆盖从产地到餐桌全程的粮食质量安全追溯体系和平台，进一步健全质量安全监管衔接协作机制，加强粮食种植、收购、储存、销售及食品生产经营监管，严防不符合食品安全标准的粮食流入口粮市场或用于食品加工。加强口岸风险防控和实际监管，深入开展农产品反走私综合治理，实施专项打击行动。（国家粮食局、食品药品监管总局、农业部、海关总署、质检总局、国家标准委等负责）

七、完善保障措施

（二十三）加大财税扶持力度。充分利用好现有资金渠道，支持粮食仓储物流设施、国家现代粮食产业发展示范园区（基地）建设和粮食产业转型升级。统筹利用商品粮大省奖励资金、产粮产油大县奖励资金、粮食风险基金等支持粮食产业发展。充分发挥财政资金引导功能，积极引导金融资本、社会资本加大对粮食产业的投入。新型农业经营主体购置仓储、烘干设备，可按规定享受农机具购置补贴。落实粮食加工企业从事农产品初加工所得按规定免征企业所得税政策和国家简并增值税税率有关政策。（财政部、国家发展改革委、税务总局、国家粮食局等负责）

（二十四）健全金融保险支持政策。拓宽企业融资渠道，为粮食收购、加工、仓储、物流等各环节提供多元化金融服务。政策性、商业性金融机构要结合职能定位和业务范围，在风险可控的前提下，加大对粮食产业发展和农业产业化重点龙头企业的信贷支持。建立健全粮食收购贷款信用保证基金融资担保机制，降低银行信贷风险。支持粮食企业通过发行短期融资券等非金融企业债务融资工具筹集资金，支持符合条件的粮食企业上市融资或在新三板挂牌，以及发行公司债券、企业债券和并购重组等。引导粮食企业合理利用农产品期货市场管理价格风险。在做好风险防范的前提下，积极开展企业厂房抵押和存单、订单、应收账款质押等融资业务，创新"信贷+保险"、产业链金融等多种服务模式。鼓励和支持保险机构为粮食企业开展对外贸易和"走出去"提供保险服务。（人民银行、银监会、证监会、保监会、财政部、商务部、国家粮食局、农业发展银行等负责）

（二十五）落实用地用电等优惠政策。在土地利用年度计划中，对粮食产业发展重点项目用地予以统筹安排和重点支持。支持和加快国有粮食企业依法依规将划拨用地转变为出让用地，增强企业融资功能。改制重组后的粮食企业，可依法处置土地资产，用于企业改革发展和解决历史遗留问题。落实粮食初加工用电执行农业生产用电价格政策。（国土资源部、国家发展改革委、国家粮食局等负责）

（二十六）加强组织领导。地方各级人民政府要高度重视粮食产业经济发展，因地制宜制定推进本地区粮食产业经济发展的实施意见、规划或方案，加强统筹协调，明确职责分工。加大粮食产业经济发展实绩在粮食安全省长责任制考核中的权重。要结合精准扶贫、精准脱贫要求，大力开展粮食产业扶贫。粮食部门负责协调推进粮食产业发展有关工作，推动产业园区建设，加强粮食产业经济运行监测。发展改革、财政部门要强化对重大政策、重大工程和重大项目的支持，发挥财政投入的引导作用，撬动更多社会资本投入粮食产业。各相关部门要根据职责分工抓紧完善配套措施和部门协作机制，并发挥好粮食等相关行业协会商会在标准、信息、人才、机制等方面的作用，合力推进粮食产业经济发展。（各省级人民政府、国家发展改革委、国家粮食局、财政部、农业部、国务院扶贫办等负责）

国务院办公厅

2017 年 9 月 1 日

扶持村级集体经济发展试点的指导意见

财政部关于印发

《扶持村级集体经济发展试点的指导意见》的通知

财农〔2015〕197号

各省、自治区、直辖市、计划单列市财政厅（局）、农村综合改革领导小组办公室，新疆生产建设兵团财务局、农村综合改革领导小组办公室：

2012年，国务院农村综合改革工作小组选择部分省份开展农村综合改革示范试点，其中一项重要内容是扶持村级集体经济发展。为贯彻落实党的十八届三中全会和中央有关深化农村改革的精神，在总结各地试点经验的基础上，财政部制定了《扶持村级集体经济发展试点的指导意见》，现印发给你们，请各试点省份遵照执行。执行中有何问题，请及时向财政部农业司（国务院农村综合改革工作小组办公室）反馈。非试点省份可结合本地情况，参照本《意见》自行开展相关试点工作。

财政部

2015年10月12日

农村集体经济是社会主义公有制经济在农村的重要体现。

随着农村经济社会深刻变化和市场化步伐日益加快，一些地方的村级集体经济发展明显滞后，难以实现集体资产、资源、资金的保值增效和提高村集体自我发展与保障能力，与推进农业现代化、促进农村经济社会发展和完善乡村治理的要求不相适应。扶持村级集体经济发展，壮大村级集体经济实力，是新时期新阶段对农村"统分结合、双层经营"基本经济制度的完善，是推进农业适度规模经营、优化配置农业生产要素、实现农民共同富裕、提高农村公共服务能力、完善农村社会治理的重要举措，也是挖掘农村市场消费需求潜力、培育农村经济新增长点的重要手段，对于统筹城乡发展、促进社会和谐、巩固执政基础和全面建成小康社会具有重大意义。现就扶持村级集体经济发展试点，提出如下意见：

一、总体要求

（一）指导思想。贯彻落实党的十八大、十八届三中、四中、五中全会精神，以全面建成小康社会为统领，坚持自力更生与政策扶持相结合，以增强村级集体经济实力、实现农民共同富裕为目标，以农村集体资产、资源、资金等要素有效利用为纽带，以土地股份合作、农业生产经营合作为主要经营形式，因地制宜探索资源有效利用、提供服务、物业管理、混合经营等多种集体经济实现形式，发挥村级集体经济优越性，调动村集体成员积极性，增强村集体自我发展、自我服务、自我管理能力和水平，为促进农村经济社会发展、巩固农村基层政权注入新活力。

（二）基本原则。一是坚持集体所有。巩固完善以家庭承包经营为基础、统分结合的双层经营体制，坚守不改变村集体产权性质、不损害村集体利益、不损害农民利益"三条底线",促进集体资产保值增值,确保村级集体经济发展成果惠及本集体所有成员。二是坚持市场导向。发挥市场在资源配置中的决定性作用,坚持用市场的办法解决发展遇到的问题,同时更好地发挥政府在政策引导、规划引领、资金支持等方面的作用。三是坚持改革创新。鼓励试点地区大胆实践,勇于创新,积极探索村级集体经济不同实现形式,形成可复制、可推广的经验,走出适应不同经济资源和市场条件的新型集体经济发展道路。四是坚持因地制宜。结合各地实际,加强分类指导,因村因势施策,探索不同经营主体的组织形式和商业运营模式,宜农则农、宜工则工、宜商则商,推动一二三产业融合协调发展。同时,要坚持生态环保底线,避免资源过度开发和环境污染。五是坚持村为主导。充分发挥村集体的主导和农民的主体作用,运用好民主决策、民主管理和民主监督机制,把集体增实力、农民增收益和产业增效益有机统一,调动农民广泛参与的积极性,实现集体和个人利益的双赢。

二、主要内容

各地按照试点乡村的资源资产状况和区位条件,可以统筹考虑以下试点内容,也可以选择其他适合当地实际情况和需要的实现形式,科学合理地确定试点项目。

(一)探索以资源有效利用为主要内容的实现形式。支持村集体领办土地股份合作社,按照入社自愿、退社自由、利益共享、风险共担的原则,鼓励和引导村集体成员以土地承包经营权折股入社。采取村集体成员认可的经营方式,发展农业适度规模经营,提高劳动生产率和土地产出率,实现土地经营收益最大化。明确合作社管理和运行机制，完善村集体成员代表会议、董事会、监事会等治理结构，加强对经营管理者和农民的生产技能、经营管理知识的培训指导，提高生产经营管理综合能力。鼓励村集体流转或利用村集体机动地、荒地以及耕地和村庄整治、宅基地复垦等节余的土地及其他可利用的集体所有资源，发展现代特色农林业、品牌农业和生态循环农业。

（二）探索以提供服务为主要内容的实现形式。支持村集体创办农业生产经营合作社、劳务合作社等服务实体，为各类市场主体尤其是粮食生产经营主体提供加工、流通、仓储、劳务等有偿服务，促进农业由生产环节向产前、产后延伸，在更高层次、更大范围内实现一二三产业融合发展。发展农业生产性服务业，开展代耕代种代收、统防统治、烘干储藏、集中运输等综合性服务。围绕特色主导产业，开展优质农产品品牌创建，建设农业生产、加工、经营、服务设施，开展农产品产地加工。完善农产品营销体系，发展农村电子商务，建立农产品网上交易平台。利用本地生态资源发展休闲农业和乡村旅游，促进农业与旅游、文化产业的深度融合，进一步延长产业链和拓展农业新功能。

（三）探索以物业管理为主要内容的实现形式。鼓励村集体按照土地利用总体规划和城乡建设规划的要求，开发利用集体经营性建设用地等土地，量力而行建设物业项目，发展物业经济。盘活村集体闲置办公用房、学校、仓库、礼堂等不动产，开展租赁经营。鼓励有条件的地方，在区位优势明显地区或城镇规划区，按照统一规划、统筹建设的原则，通过异地兴建、联村共建等多种形式，增加村集体资产和物业经营收入，拓展村级集体经济发展空间。

（四）探索以混合经营为主要内容的实现形式。鼓励村集体以集体资产资源参股农民专业合作社和经营稳健的工商企业。有条件的村，可以探索设立扶持村级集体经济发展基金，积极探索基金使用运转方式，实现集体资产保值增值。根据当地实际，探索强村带弱村、村企联手共建、政府定点帮扶、扶贫开发等多种形式，实现多元化经营，鼓励有条件的村集体与其他经济主体发展混合所有制经济项目，不断探索和丰富村级集体经济实现形式。

各试点县（市）结合当地实际情况，按照村集体土地产权归属层级，本着因地制宜、合作高效、就近就邻的原则，以村民小组（或自然村）为试点单元，每个试点县（市）至少选择10个以上的行政村，重点探索土地股份合作经营，并推进行政村区域内的土地股份合作联社发展。在开展扶持村级集体经济发展试点过程中，加强同乡镇经济发展在市场、品牌、产业、劳动力等方面的联动与合作，发挥乡镇经济联城带村的龙头作用。同时，注重推进一二三产业在乡域、县域内的融合发展，培育主导产品品牌，提高产业外部竞争力。

三、配套政策

（一）加强体制机制创新。我国农村治理的基本框架由在土地集体所有基础上建立的农村集体经济组织制度与农村自治组织制度共同构成。加强村级集体经济体制机制创新，就是要探索村集体资产、劳动力、管理等生产要素的集约化、组织化、效率化实现形式，做实集体经济组织，创新统一经营形式，探索股权化管理方式，夯实集体经济基础、激活集体组织活力、充实集体经济功能，发挥村集体在农村治理中的稳定器作用。依托村级集体经济发展项目，探索财政资金直接投向符合条件的村集体。探索财政补助资金形成的资产转交村集体持有、管护和作为村集体股权的政策措施。在贫困村探索财政补助资金形成的资产折股量化为村集体和农民持有的股份，建立股权扶贫机制。

（二）完善村集体内部管理制度。建立健全村级集体经济财务管理和收入分配制度，完善劳动者工资报酬和管理者激励约束机制，细化内部责任，加强内部经济核算，严格控制资产负债比例，规范村级集体经济收益分配和使用，确保村集体成员共享增值收益。建立健全村级集体经济积累机制，完善村集体公益金、公积金制度，支持农村公益、扶贫济困等事业发展，增强村集体自我保障能力。建立健全村集体治理结构，探索政经分离，实行稳健经营，加强民主管理，规范村级财务公开，自觉接受村集体成员和社会监督。

（三）强化政策综合支持效力。鼓励支持农业适度规模经营、高标准农田建设、农业产业发展扶持政策及资金项目向试点县、试点村倾斜。对村集体领办合作组织、发展农业产业项目，同等条件下给予优先扶持。统筹安排现代农业生产发展资金、农田水利设施建设补助资金、农业科技推广与服务补助资金等扶持农业生产类资金，支持试点村集体经济发展。增加农村公共服务投入，探索通过政府优先购买村集体提供的相关服务，不断提高村级公共服务质量和能力。落实税收和金融支持政策，加强土地政策扶持，为村级集体经济发展营造良好的环境。

四、组织实施

2016 年，中央财政选择 13 个省份开展试点。在原有浙江、宁夏 2 个试点省份的基础上，新增河北、辽宁、江苏、安徽、江西、山东、河南、广东、广西、贵州、云南 11 个省份，在一定时期内开展试点。

（一）加强组织领导。一是各试点省份要高度重视，将这项试点作为深化农村综合改革的重要任务，建立健全财政部门牵头负责，农村综合改革部门会同有关部门具体组织、密切配合的工作机制。加强组织领导，明确职责分工，精心组织实施。二是各试点县（市）要加强对试点村主导产业规划、土地流转、招商引资、人才培训、政策宣传等方面的指导和提供市场拓展、品牌推介等方面的服务。三是各试点行政村要做好土地流转协调、村民动员组织、调处村组关系和引资合作服务等工作，为村级集体经济发展创造有利条件。

（二）周密制定方案。各试点省份要结合当地实际，采取竞争性立项等方式，确定部分县（市）开展试点。试点县（市）选择条件：一是当地党委、政府高度重视村级集体经济发展，有试点的强烈意愿。二是有一定的工作基础，村级组织凝聚力、战斗力强，村集体成员有意愿、有要求，相关部门能够密切配合。三是有发展村级集体经济的具体规划，财政能够给予必要的支持。各试点省份要加强调查研究，认真制定实施方案，连同试点县（市）的具体试点方案一并报财政部农业司（国务院农村综合改革工作小组办公室）备案。

试点方案要明确试点的组织机构、目标任务和主要内容、拟采取的主要政策措施、地方各级财政拟安排资金情况及资金使用方向等，特别是要包括以下内容：试点村名称、地址、人口、村两委主要负责人等基本信息；村集体所有土地等资源情况、经营性资产情况、村级财务管理情况；村集体拟发展的经济类型、经营组织管理方式、投资赢利模式及预期收益水平、经营收益分配机制等经营管理情况；村集体成员对项目发展意愿或经过一事一议决策机制议定情况；地方及村集体认为需要提供的其他重大信息或情况。

（三）加大支持力度。中央财政通过以奖代补方式支持地方试点工作。省级财政部门要加大支持力度，市县也应给予必要支持。试点资金主要用于对鼓励土地流转、零散土地整治、发展为农服务、物业经营等进行补助，不得用于项目配套、偿还乡村债务、建设楼堂馆所、购置交通通讯工具和发放个人补贴等方面。省级财政部门要制定资金管理办法，并于每年3月底前将上年度试点工作进展情况、问题及成效、下一阶段工作重点，特别是财政资金使用情况等内容，报送财政部农业司（国务院农村综合改革工作小组办公室）。

（四）加强监督检查。加强监督管理和工作考核，围绕村级集体经济发展、农民收入增加、适度规模经营、地方资金保障、体制机制创新、可复制推广性等内容建立考核评价体系，建立激励约束和进入退出机制，确保改革试点有成效，资金使用有效益。要发挥乡镇财政就近就地监管的优势，加强试点工作落实和扶持资金项目的监督检查，防止虚报项目套取扶持资金和侵害村集体利益的行为。对资金使用过程中发现的问题要及时纠正，违规违纪的行为依照《财政违法行为处罚处分条例》（国务院令第427号）等有关规定予以处理，并取消试点资格。

关于建立健全村务监督委员会的
指导意见

（摘自中华人民共和国中央人民政府网站）

新华社北京 2017 年 12 月 4 日电 近日，中共中央办公厅、国务院办公厅印发了《关于建立健全村务监督委员会的指导意见》，并发出通知，要求各地区各部门结合实际认真贯彻落实。

《关于建立健全村务监督委员会的指导意见》全文如下。

村务监督委员会是村民对村务进行民主监督的机构。建立健全村务监督委员会，对从源头上遏制村民群众身边的不正之风和腐败问题、促进农村和谐稳定，具有重要作用。为推动全面从严治党向基层延伸，进一步完善村党组织领导的充满活力的村民自治机制，加强村级民主管理和监督，提升乡村治理水平，根据中央有关要求和《中华人民共和国村民委员会组织法》规定，现就建立健全村务监督委员会提出如下指导意见。

一、总体要求。全面贯彻党的十九大精神，以习近平新时代中国特色社会主义思想为指导，认真落实党中央关于全面从严治党、加强农村基层组织建设的部署要求，建立健全村务监督委员会，进一步加强和规范村务监督工作，切实保障村民群众合法权益和村集体利益，促进农村和谐稳定，夯实党的执政根基。加强党的全面领导，始终坚持村党组织领导核心地位不动摇，村务监督委员会的各项工作都要在党的领导下进行；准确把握定位，村务监督委员会是村民自治机制和村级工作运行机制的完善，是村民监督村务的主要形式；严格依法监督，保证和支持村务监督委员会依法行使职权，促进村级事务公开公平公正。

二、人员组成。村务监督委员会一般由3至5人组成，设主任1名，提倡由非村民委员会成员的村党组织班子成员或党员担任主任，原则上不由村党组织书记兼任主任。村务监督委员会成员由村民会议或村民代表会议在村民中推选产生，任期与村民委员会的任期相同。村务监督委员会成员要有较好的思想政治素质，遵纪守法、公道正派、坚持原则、敢于担当、群众公认，具有一定政策水平和依法办事能力，热心为村民服务，其中应有具备财会、管理知识的人员。乡镇党委、村党组织要把好人选关。村民委员会成员及其近亲属、村会计（村报账员）、村文书、村集体经济组织负责人不得担任村务监督委员会成员，任何组织和个人不得指定、委派村务监督委员会成员。

三、职责权限。村务监督委员会的职责是：对村务、财务管理等情况进行监督，受理和收集村民有关意见建议。村务监督委员会及其成员有以下权利：（1）知情权。列席村民委员会、村民小组、村民代表会议和村"两委"联席会议等，了解掌握情况。（2）质询权。对村民反映强烈的村务、财务问题进行质询，并请有关方面向村民作出说明。（3）审核权。对民主理财和村务公开等制度落实情况进行审核。（4）建议权。向村"两委"提出村务管理建议，必要时可向乡镇党委和政府提出建议。村务监督委员会及其成员要依纪依法、实事求是、客观公正地进行监督，不直接参与具体村务决策和管理，不干预村"两委"日常工作。（5）主持民主评议权。村民会议或村民代表会议对村民委员会成员以及由村民或村集体承担误工补贴的聘用人员履行职责情况进行民主评议，由村务监督委员会主持。

四、监督内容。村务监督委员会要紧密结合村情实际，重点加强以下方面的监督：（1）村务决策和公开情况。主要是村务决策是否按照规定程序进行，村务公开是否全面、真实、及时、规范。（2）村级财产管理情况。主要是村民委员会、村民小组代行管理的村集体资金资产资源管理情况，村级其他财务管理情况。（3）村工程项目建设情况。主要是基础设施和公共服务建设等工程项目立项、招投标、预决算、建设施工、质量验收情况。（4）惠农政策措施落实情况。主要是支农和扶贫资金使用、各项农业补贴资金发放、农村社会救助资金申请和发放等情况。（5）农村精神文明建设情况。主要是建设文明乡风、创建文明村镇、推动移风易俗，开展农村环境卫生整治，执行村民自治章程和村规民约等情况。（6）其他应当监督的事项。

五、工作方式。村务监督委员会一般按照以下方式实施监督：（1）收集意见。根据上级党委和政府部署的重点工作和村级决定的重大事项，通过接待来访、上门走访等形式广泛收集意见建议，确定监督事项。（2）提出建议。围绕监督事项，及时向村党组织和村民委员会反映收集到的意见，提出工作建议。（3）监督落实。对监督事项进行全程监督，及时发现并纠正存在的问题。对发现的涉嫌贪腐谋私、侵害群众利益等违纪违法问题，及时向村党组织、乡镇党委和政府及纪检监察机关报告。

（4）通报反馈。通过公开栏、召开会议、个别沟通等形式，及时通报反馈监督结果。村务监督委员会一般应每季度召开一次例会，梳理总结、研究安排村务监督工作；每半年向村党组织汇报一次村务监督情况，村党组织要认真听取村务监督委员会的意见；每年向村民会议或村民代表会议报告一次工作，由村民会议或村民代表会议对村务监督委员会及其成员进行民主评议。

六、管理考核。有计划地开展村务监督委员会成员教育培训，村务监督委员会主任一般由县一级负责培训，其他成员由乡镇负责培训。乡镇党委和政府及村党组织要加强村务监督委员会成员日常教育管理，帮助其提高思想政治素质和工作水平，乡镇每年对村务监督委员会主任履职情况进行考核，对考核优秀的可给予适当奖励，对不认真履职的进行批评教育、责令改正。要健全退出机制，村务监督委员会成员履职不力、发生违纪违法行为被查处等，经村民会议或村民代表会议讨论决定，免去其职务；严重违纪受到党纪处分、两年内受到两次以上行政拘留处罚、被判处刑罚、连续两次民主评议不称职或丧失行为能力的，其职务自行终止。

七、组织领导。各级党委和政府要高度重视建立健全村务监督委员会工作，县级党委和政府要切实履行主体责任，具体组织实施，抓好工作落实，及时研究解决相关问题。各级党委组织部门要牵头协调，民政、党委农村工作综合部门等单位共同参与，加强指导。严明有关纪律，对村务监督工作不配合不支持、设置障碍，甚至对村务监督委员会成员打击报复的，要及时制止、责令改正，情节严重的要依纪依法追究有关人员责任；对村务监督委员会成员利用监督职权谋私利、泄私愤、搞无原则纠纷、挑起矛盾的，要及时提醒、批评教育，后果严重的要按照有关程序终止其职务，并依纪依法追究责任。各地区各有关部门要从实际出发，为村务监督委员会开展工作创造良好条件，提供保障支持。

关于开展健康城市健康村镇建设的指导意见

全国爱卫会关于印发
《关于开展健康城市健康村镇建设的指导意见》的通知
全爱卫发〔2016〕5号

各省、自治区、直辖市人民政府，国务院各有关部门：

《关于开展健康城市健康村镇建设的指导意见》已由全国爱卫会全体会议审议通过，并经国务院同意，现印发给你们，请认真贯彻落实。

建设健康城市和健康村镇是新时期爱国卫生运动的重要载体，也是建设健康中国的重要抓手，各地、各部门要高度重视，切实加强组织领导，结合工作实际，抓好组织实施，把健康中国的目标转化为健康城市健康村镇的指标，以爱国卫生工作的新成效加快健康中国的建设进程。

全国爱国卫生运动委员会
2016 年 7 月 18 日

健康城市是卫生城市的升级版，通过完善城市的规划、建设和管理，改进自然环境、社会环境和健康服务，全面普及健康生活方式，满足居民健康需求，实现城市建设与人的健康协调发展。健康村镇是在卫生村镇建设的基础上，通过完善村镇基础设施条件，改善人居环境卫生面貌，健全健康服务体系，提升群众文明卫生素质，实现村镇群众生产、生活环境与人的健康协调发展。建设健康城市和健康村镇，是新时期爱国卫生运动的重要载体，是推进以人为核心的新型城镇化的重要目标，是推进健康中国建设、全面建成小康社会的重要内容。根据《国务院关于进一步加强新时期爱国卫生工作的意见》（国发〔2014〕66号）部署，经国务院同意，全国爱国卫生运动委员会决定在全国开展健康城市和健康村镇建设，现提出如下意见：

一、总体要求

（一）指导思想。深入贯彻党的十八大和十八届三中、四中、五中全会精神，牢固树立并切实贯彻创新、协调、绿色、开放、共享的发展理念，以保障和促进人的健康为宗旨，将健康融入所有政策，通过建设健康城市、健康村镇，营造健康环境、构建健康社会、优化健康服务、发展健康文化，提高人群健康水平，促进经济社会可持续发展，推进健康中国建设，为全面建成小康社会作出贡献。

（二）基本原则。坚持以人为本，健康优先。坚持以人的健康为中心，针对当地居民的主要健康问题和健康需求，制定有利于健康的公共政策，将健康相关内容纳入城乡规划、建设和管理的各项政策之中，促进健康服务的公平、可及。

坚持政府主导，共建共享。发挥政府的组织优势，促进部门协作，鼓励、组织和引导机关、企事业单位、社区、家庭和居民参与健康城市、健康村镇建设活动，提高全社会的参与度，使健康福祉惠及广大群众。

坚持城乡统筹，典型示范。推进城乡公共资源均衡配置，促进基础设施和公共服务向农村地区、薄弱环节倾斜，缩小城乡差距，逐步实现城乡健康服务均等化。通过培育和推广典型经验，强化示范引领，扩大健康城市、健康村镇覆盖面，提升建设水平。

坚持问题导向，创新发展。找准城乡发展中影响健康的重点难点问题，科学施策，综合治理。因地制宜，积极探索，不断创新建设的策略、方法、模式，循序渐进推动健康城市、健康村镇持续发展。

（三）工作目标。通过建设环境宜居、社会和谐、人群健康、服务便捷、富有活力的健康城市、健康村镇，实现城乡建设与人的健康协调发展。到2017年，建立健全健康城市和健康村镇建设管理机制，形成一套科学、有效、可行的指标和评价体系，推动各省（区、市）开展建设试点，基本形成可推广的建设模式。到2020年，建成一批健康城市健康村镇建设的示范市和示范村镇，以典型示范带动全国健康城市和健康村镇建设广泛深入开展，为建设健康中国奠定坚实基础。

二、重点建设领域

（一）营造健康环境。以满足人民群众日益增长的健康需求为出发点，根据资源环境承载能力，构建科学合理的城市布局，统筹城乡污水处理厂、垃圾无害化处理场、公共厕所等环境卫生基础设施的规划、设计和建设，做到科学合理、兼顾长远。推进主要污染物减排，推行清洁生产和发展循环经济。加强饮用水水源地保护，深入推进水生态环境治理和土壤污染防治，创新环境治理理念和方式，形成政府、企业、公众共治的环境治理体系，实现大气、水、土壤等环境质量总体改善。大力发展绿色建筑和低碳、便捷、安全的交通体系，提高节能水平。加大环境卫生综合治理力度，开展生活垃圾源头减量和分类收集处理，清除病媒生物孳生地，着力解决城乡环境脏乱差问题，创造整洁有序、健康宜居的环境。

（二）构建健康社会。保障城乡居民在教育、住房、就业、安全等方面的基本需求，不断提高人民群众生活水平。建立更加公平更可持续的社会保障制度，扩大社会保障覆盖范围，基本养老、基本医疗保险保障人群实现基本覆盖，逐步缩小城乡、区域、群体之间的社会保障待遇差别。建立健全基本公共服务体系，促进基本公共服务均等化，努力实现基本公共服务城镇常住人口全覆盖。统筹城市和农村养老资源，促进基本养老服务均衡发展。建设以居家为基础、社区为依托、机构为补充的多层次养老服务体系。着力保障特殊困难老人的养老服务需求，确保人人享有基本养老服务。建立覆盖全过程的农产品和食品药品监管制度，保障饮食用药安全。健全社会救助体系，支持慈善事业发展，逐步拓展社会福利保障范围，保障老年人、残疾人、孤儿等特殊群体有尊严地生活和平等参与社会发展。

（三）优化健康服务。建立健全基本医疗卫生服务体系，实现人人享有基本医疗卫生服务。深化医药卫生体制改革，建立现代医院管理制度和分级诊疗制度，加强基层卫生人才特别是全科医师队伍建设，补足医疗卫生服务的短板。加强疾病预防控制体系建设，提高疾病监测和干预能力，积极防治传染病、寄生虫病、慢性病、职业病、地方病和精神疾病等重大疾病。完善突发事件卫生应急机制，提高卫生应急能力，加强传染病监测预警，及时处置传染病疫情。加强口岸卫生检疫能力建设，严防外来重大传染病传入。提升中医医疗服务能力，发展中医养生保健服务，探索中医药与养老、旅游、文化等产业协同发展新业态。

（四）培育健康人群。强化妇幼健康和计划生育服务工作，实施综合干预措施，提高出生人口素质和妇女儿童健康水平。倡导社会性别平等，完善各项配套措施，实施好全面两孩政策，促进人口长期均衡发展。开展全民健身活动，提高群众身体素质。完善全民健身公共服务体系，加强全民健身场地设施建设，建设健康步道、健康广场、健康主题公园等支持性环境。保障中小学体育课时，大力开展青少年课外体育活动，加强青少年体育技能培训。加强健康教育和健康促进，普及健康素养知识与技能，定期开展健康素养监测调查，评价干预效果。引导居民建立合理膳食、适量运动、戒烟限酒和心理平衡的健康生活方式，增强群众维护和促进自身健康的能力。

（五）发展健康文化。充分利用各种大众传播媒介，开展多角度、多层次、全方位的健康知识宣传，在全社会倡导正确的健康理念。着力提高全民健康意识，移风易俗，改变陈规陋习和不健康的生活方式，把健康科学知识转变为群众能够理解接受、易于养成践行的良好行为习惯。加强中医药科普宣传，传播中医药健康文化，提升群众中医养生保健素养。大力倡导健康文化，鼓励和支持健康文化产业发展，创作出更多群众喜闻乐见的健康文化作品，不断满足人民群众日益增长的多层次健康文化需求。健全市民公约、村规民约等社会规范，宣传社会主义核心价值观，倡导公序良俗，让健康理念深入人心。

三、健康城市建设的重点任务

（一）开展健康"细胞"工程建设。以健康社区、健康单位和健康家庭为重点，以整洁宜居的环境、便民优质的服务、和谐文明的文化为主要内容，推进健康"细胞"工程建设，向家庭和个人就近提供生理、心理和社会等服务，倡导团结和睦的人际关系，提高家庭健康水平。以学校、企业、机关和事业单位等为重点，完善控烟措施，落实健康体检、职业健康检查、职业防护、安全管理等制度，营造相互尊重、和谐包容的单位文化，创造有益于健康的环境。

（二）建立健康管理工作模式。加强防治结合，建立健全全人群、全生命周期的健康管理组织体系。加快推进健康服务信息化建设，实现医疗服务、公共卫生和医疗保障等信息互联共享，以大数据支撑群体疾病预测和个体化服务。发挥中医预防保健优势，推动医疗服务从注重疾病治疗转向注重健康维护，发展治未病、中医特色康复等服务，探索开展中医特色健康管理。推进全民预防保健服务，对居民的健康危害因素及健康状况进行全面的监测、分析、评估、预测，通过疾病预防和治疗，实现有病早治、未病先防。

（三）完善环境卫生基础设施。加强城市污水和垃圾处理设施建设，逐步实现城市污水"全收集、全处理"，城市医疗废物集中处置，城市生活垃圾处理减量化、资源化和无害化。加快城市公厕建设，形成布局合理、数量充足、设施完善、管理规范的城市公厕服务体系。推广降尘、低尘清扫作业方式，扩大机械化清扫保洁作业范围，提升城市市政公用设施建设和管理水平。

（四）加强饮用水安全管理。严格饮用水水源保护，依法清理饮用水水源保护区内违法建筑和排污口，开展饮用水水源地规范化建设，定期进行安全评估。从水源到水龙头全过程监管饮用水安全，定期监测、检测和评估当地饮用水源、供水单位出厂水和用户水龙头水质等饮水安全状况，并按时向社会公布。城市水环境质量和水功能区水质达标率达到国家要求，切实落实消毒卫生措施，加强饮用水卫生监测、检测，提升饮用水水质，确保水质卫生安全。

（五）改善环境质量。加强大气污染综合防治，坚持源头管控，减少污染物排放，狠抓细颗粒物、可吸入颗粒物和臭氧综合治理。整治工业废气，加快重点行业脱硫、脱硝、除尘改造工程建设。积极发展城市公共交通，加强机动车环保管理，提升燃油品质，强化移动源污染防治。加强大气环境监测，定期公开城市环境空气质量情况。以改善水环境质量为核心，分流域、分区域、分阶段科学治理，推进水污染防治、水生态保护和水资源管理。保护和改善土壤环境，加强土壤污染风险管控，探索实施建设用地准入管理，防范人居环境风险。大力实施绿化美化亮化工程，推进生态园林建设，强化湿地等自然资源保护，营造良好生态环境。

（六）完善公共安全保障体系。强化治安防控、交通和消防管理，健全公共安全管理机制，完善应急体系，推进紧急医学救援网络建设，提高突发公共事件处置能力。落实安全生产责任制，防控职业危害风险，提高劳动者职业健康和安全水平。完善农产品质量安全监管体系，强化食品药品安全管理，防范食品药品安全事件发生。提高全民安全意识和应急自救能力，减少伤害特别是对青少年的伤害发生。

四、健康村镇建设的重点任务

(一)改善农村基础设施条件。完善道路、环卫、电力、通信、消防等基础设施，全面实施"硬化、绿化、亮化、美化、净化"，推进广播电视、通信等村村通和宽带普及。大力发展农村客运。全面推进农村垃圾治理，加大村镇垃圾清运设备和中转设施建设力度，乡镇应当建有垃圾转运站，普及密闭运输车辆，改造或停用露天垃圾池等敞开式垃圾收集场所、设施，因地制宜推进生活垃圾简单分类和资源化利用。采取城市管网延伸、集中处理和分散处理等多种方式，加快农村生活污水治理。

(二)加强农村改水改厕。加快实施农村饮水安全巩固提升工程，加强水源保护，突出工程管护机制建设，辅以新建改建措施，进一步提高农村饮水集中供水率、自来水普及率、供水保证率和水质达标率。推进城乡统筹区域供水，将城市供水管网和服务向农村延伸。加快农村无害化卫生厕所改造，农村新建住房要配套建设无害化卫生厕所。乡镇政府所在地、中小学、乡镇卫生院、集贸市场、公路沿线等区域要建设无害化卫生公厕。鼓励建设四格式生态厕所，提高粪便无害化处理和资源化利用水平。坚持集中连片、整村推进，统筹实施改水改厕、污水处理等项目，让农村居民喝上干净水、用上卫生厕所。

(三)深入开展环境卫生整洁行动。全面开展农村环境卫生综合整治，清理乱堆乱放，拆除违章建筑，疏浚坑塘河道。建立村庄保洁制度，通过购买服务等方式聘请保洁员。加强农业面源污染治理，强化畜禽养殖污染物的综合利用，防治畜禽养殖污染，加强病死畜禽无害化处理。推广生物有机肥、高效低毒低残留农药，禁止秸秆焚烧，引导开展秸秆综合利用工作，规范收集、处置农药包装物、农膜等废弃物。加强规范种植和绿色养殖，提升农产品质量安全水平，规范农产品流通市场。深入开展美丽宜居乡村建设，保护自然景观，加强绿化美化，建设有历史记忆、农村特点、地域特色、民族风格的美丽宜居村镇。深入推进卫生村镇创建活动，健全卫生管理长效机制，以乡带村，以村带户，有效破解农村卫生管理难题。

（四）加强农村医疗卫生服务。全面实施居民大病保险制度，完善医疗救助制度。强化农村疾病预防控制、妇幼保健等公共卫生工作，全面落实重大和基本公共卫生服务项目，重点控制严重危害农村居民的重大疾病。按照常住人口规模和服务半径科学布局基本医疗服务资源，每个行政村应当设置1个村卫生室，每个乡镇办好1所标准化建设的乡镇卫生院，方便农村居民就地就近看病就医。强化乡镇卫生院基本医疗卫生服务能力，提升急诊抢救、二级以下常规手术、正常分娩、高危孕产妇筛查、儿科等医疗服务能力，加强全科医学建设，在乡镇卫生院设立中医综合服务区（中医馆），在村卫生室全面推广中医药服务。加强乡村医生队伍建设，保证村卫生室正常运转，筑牢农村卫生服务体系网底。

（五）提高群众文明卫生素质。广泛开展健康教育活动，普及疾病防治和卫生保健知识，破除迷信，倡导科学文明健康的生活方式，引导和帮助农村居民养成良好的卫生习惯，依托农村社区综合服务设施拓展医疗卫生、健康教育和环境整治服务功能。健全完善乡村文化活动室、图书室、文化广场等场所，组织开展丰富多彩、健康向上的群众文化生活，积极发展乡村特色文化。建设农村体育健身场所和设施，培养农村文体骨干和体育健身志愿者，带动开展简便易行的群众性健身活动。

五、强化组织实施

（一）加强组织领导。各省（区、市）要将健康城市、健康村镇建设列入政府重要议事日程，加强统筹规划，明确部门职责和任务，扎实推进建设工作。各级爱国卫生运动委员会要充分发挥组织协调作用，建立健全政府主导、部门协作、社会参与的工作机制，确保各项任务措施落实到位。各有关部门在制定公共政策时，要充分考虑和评估对健康的影响，探索建立公共政策健康影响评价机制。

（二）制定发展规划。各地区要结合实际，研究制定健康城市和健康村镇发展规划。要通过开展健康影响因素评价、居民健康状况调查等方式，对本地城乡建设和居民健康状况进行分析评估，明确主要健康问题和影响健康的主要因素，确定有针对性的干预策略和可行的阶段性目标，制定相应实施方案，确定阶段性评价指标和部门职责分工，分阶段、分步骤完成工作目标。

（三）开展社会动员。各地区要大力开展群众性爱国卫生运动，加强健康城市、健康村镇理念宣传，提高群众知晓率和支持率，推动社会力量积极参与、支持健康城市、健康村镇建设。保障财政对医疗卫生事业的基本投入，引导和支持社会资本参与项目建设，充分发挥社会组织和志愿者作用，形成各方力量有序参与健康城市、健康村镇建设的良好格局。

（四）加强效果评价和督导检查。全国爱国卫生运动委员会办公室要会同有关部门借鉴国际经验，建立适合我国国情的健康城市、健康村镇建设指标和评价体系，组织第三方专业机构进行健康城市建设效果评价，指导地方进行健康村镇建设效果评价；要加强督导检查，开展典型经验交流，总结推广健康城市、健康村镇建设的有效模式。各省（区、市）爱国卫生运动委员会及其办公室要加强对本行政区域内健康城市、健康村镇建设工作的指导和检查，组织开展对健康村镇建设情况的评估。

畜禽规模养殖场粪污资源化利用设施建设规范（试行）

农业部办公厅关于印发《畜禽规模养殖场粪污资源化
利用设施建设规范（试行）》的通知

农办牧〔2018〕2号

各省、自治区、直辖市畜牧（农业、农牧）局（厅、委、办），新疆生产建设兵团畜牧兽医局：

　　为落实《国务院办公厅关于加快推进畜禽养殖废弃物资源化利用的意见》要求，指导畜禽规模养殖场科学建设畜禽粪污资源化利用设施，我部制定了《畜禽规模养殖场粪污资源化利用设施建设规范（试行）》。现印发给你们，请参照执行。

农业部办公厅

2018年1月5日

　　第一条　本规范适用于畜禽规模养殖场粪污资源化利用设施建设的指导和评估。

　　第二条　畜禽粪污资源化利用是指在畜禽粪污处理过程中，通过生产沼气、堆肥、沤肥、沼肥、肥水、商品有机肥、垫料、基质等方式进行合理利用。

　　第三条　畜禽规模养殖场粪污资源化利用应坚持农牧结合、

种养平衡，按照资源化、减量化、无害化的原则，对源头减量、过程控制和末端利用各环节进行全程管理，提高粪污综合利用率和设施装备配套率。

第四条 畜禽规模养殖场应根据养殖污染防治要求，建设与养殖规模相配套的粪污资源化利用设施设备，并确保正常运行。

第五条 畜禽规模养殖场宜采用干清粪工艺。采用水泡粪工艺的，要控制用水量，减少粪污产生总量。鼓励水冲粪工艺改造为干清粪或水泡粪。不同畜种不同清粪工艺最高允许排水量按照 GB 18596 执行。

第六条 畜禽规模养殖场应及时对粪污进行收集、贮存，粪污暂存池（场）应满足防渗、防雨、防溢流等要求。

固体粪便暂存池（场）的设计按照 GB/T 27622 执行。污水暂存池的设计按照 GB/T 26624 执行。

第七条 畜禽规模养殖场应建设雨污分离设施，污水宜采用暗沟或管道输送。

第八条 规模养殖场干清粪或固液分离后的固体粪便可采用堆肥、沤肥、生产垫料等方式进行处理利用。固体粪便堆肥（生产垫料）宜采用条垛式、槽式、发酵仓、强制通风静态垛等好氧工艺，或其他适用技术，同时配套必要的混合、输送、搅拌、供氧等设施设备。猪场堆肥设施发酵容积不小于 $0.002m^3 \times$ 发酵周期（天）×设计存栏量（头），其它畜禽按 GB18596 折算成猪的存栏量计算。

第九条 液体或全量粪污通过氧化塘、沉淀池等进行无害化处理的，氧化塘、贮存池容积不小于单位畜禽日粪污产生量（m^3）×

贮存周期（天）×设计存栏量（头）。单位畜禽粪污日产生量推荐值为：生猪 0.01m³，奶牛 0.045m³，肉牛 0.017m³，家禽 0.0002m³，具体可根据养殖场实际情况核定。

第十条 液体或全量粪污采用异位发酵床工艺处理的，每头存栏生猪粪污暂存池容积不小于 0.2m³，发酵床建设面积不小于 0.2m²，并有防渗防雨功能，配套搅拌设施。

第十一条 液体或全量粪污采用完全混合式厌氧反应器（CSTR）、上流式厌氧污泥床反应器（UASB）等处理的，配套调节池、厌氧发酵罐、固液分离机、贮气设施、沼渣沼液储存池等设施设备，相关建设要求依据 NY/T 1220 执行。沼液贮存池容积依据第九条确定。

利用沼气发电或提纯生物天然气的，根据需要配套沼气发电和沼气提纯等设施设备。

第十二条 堆肥、沤肥、沼肥、肥水等还田利用的，依据畜禽养殖粪污土地承载力测算技术指南合理确定配套农田面积，并按 GB/T 25246、NY/T 2065 执行。

第十三条 委托第三方处理机构对畜禽粪污代为综合利用和无害化处理的，应依照第六条规定建设粪污暂存设施，可不自行建设综合利用和无害化处理设施。

第十四条 固体粪便、污水和沼液贮存设施建设要求按照 GB/T 26622、GB/T 26624 和 NY/T 2374 执行。

第十五条 第三方处理机构粪污收集、处理和利用相关设施设备要求，参照相关工程技术规范执行。

第十六条 各省（区、市）可参照制定符合本地实际的畜禽规模养殖场粪污资源化利用设施建设规范。

城乡建设用地增减挂钩节余指标
跨省域调剂管理办法

国务院办公厅关于印发跨省域补充耕地

国家统筹管理办法和城乡建设用地增减

挂钩节余指标跨省域调剂管理办法的通知

国办发〔2018〕16号

各省、自治区、直辖市人民政府,国务院各部委、各直属机构:

《跨省域补充耕地国家统筹管理办法》和《城乡建设用地增减挂钩节余指标跨省域调剂管理办法》已经国务院同意,现印发给你们,请认真贯彻执行。

国务院办公厅

2018年3月10日

第一章 总 则

第一条 为规范开展深度贫困地区城乡建设用地增减挂钩节余指标跨省域调剂，根据《中华人民共和国土地管理法》和《中共中央 国务院关于实施乡村振兴战略的意见》、《中共中央办公厅 国务院办公厅印发〈关于支持深度贫困地区脱贫攻坚的实施意见〉的通知》有关规定，制定本办法。

第二条 本办法所称城乡建设用地增减挂钩节余指标跨省域调剂，是指"三区三州"及其他深度贫困县城乡建设用地增减挂钩节余指标（以下简称节余指标）由国家统筹跨省域调剂使用。

第三条 节余指标跨省域调剂应遵循以下原则：

（一）区域统筹，精准扶贫。聚焦深度贫困地区脱贫攻坚任务，调动各方力量提供资金支持，实现合作共赢。国家下达调剂任务，确定调剂价格标准，统一资金收取和支出；各有关省（区、市）统筹组织本地区跨省域调剂有关工作，并做好与省域内城乡建设用地增减挂钩工作的协调。

（二）生态优先，绿色发展。落实最严格的耕地保护制度、节约用地制度和生态环境保护制度，严格执行耕地占补平衡制度，加强土地利用总体规划和年度计划统筹管控，实施建设用地总量、强度双控，优化配置区域城乡土地资源，维护土地市场秩序，保持土地产权关系稳定。

（三）尽力而为，量力而行。帮扶地区要把决胜全面小康、实现共同富裕摆在更加突出的位置，落实好帮扶责任。深度贫困地区要把握地域差异，注重保护历史文化和自然风貌，因地制宜实施复垦；充分尊重农民意愿，切实保障农民土地合法权益和农村建设用地需求，防止盲目推进。

第四条 国土资源部会同财政部、国家发展改革委、农业部等相关部门制定节余指标跨省域调剂实施办法，确定调剂规模、激励措施和监管要求。财政部会同国土资源部等相关部门制定资金使用管理办法，统一资金收取和支出。有关省级人民政府负责节余指标跨省域调剂的组织实施；省级国土资源、财政主管部门分别制定实施细则，平衡调剂节余指标和资金。市、县级人民政府为节余指标跨省域调剂责任主体；市、县级国土资源主管部门负责具体实施。

第二章 调剂计划安排

第五条 国土资源部根据有关省（区、市）土地利用和贫困人口等情况，经综合测算后报国务院确定跨省域调剂节余指标任务。主要帮扶省份应当全额落实调入节余指标任务，鼓励多买多用。鼓励其他有条件的省份根据自身实际提供帮扶。

经国务院同意，国土资源部将跨省域调剂节余指标任务下达有关省（区、市）。有关省（区、市）可结合本地区情况，将跨省域调入、调出节余指标任务明确到市、县。

第六条 按照增减挂钩政策规定，深度贫困地区所在地省级国土资源主管部门组织编制和审批拆旧复垦安置方案，帮扶省份省级国土资源主管部门组织编制和审批建新方案，通过城乡建设用地增减挂钩在线监管系统报国土资源部备案。

省级人民政府将需要调剂的节余指标和资金总额函告国土资源部，原则上每年不超过两次。国土资源部根据备案情况核销跨省域调剂节余指标任务，核定复垦和占用农用地面积、耕地面积和耕地质量，以及规划耕地保有量和建设用地规模调整数量，并将核销结果抄送财政部。

第七条 帮扶省份要严格控制城镇建设用地扩张，人均城镇建设用地水平较低、规划建设用地规模确有不足的，可以使用跨省域调剂节余指标少量增加规划建设用地规模，并在新一轮土地利用总体规划编制时予以调整。增加的规划建设用地规模原则上不得用于特大城市和超大城市的中心城区。

国土资源部在核销各省（区、市）跨省域调剂节余指标任务时，对涉及的有关省份规划耕地保有量、建设用地规模调整以及耕地质量变化情况实行台账管理；列入台账的，在省级人民政府耕地保护责任目标考核等监督检查中予以认定，在新一轮土地利用总体规划编制时统筹解决。

第三章 资金收取和支出

第八条 财政部根据国土资源部核定的调剂资金总额，收取有关省（区、市）调剂资金；省级财政主管部门根据省级国土资源主管部门核定的调剂资金额度，收取有关市、县调剂资金。收取的帮扶省份跨省域调入节余指标资金，纳入省级财政向中央财政的一般公共预算转移性支出，在中央财政和地方财政年终结算时上解中央财政。

第九条 财政部根据国土资源部核定的调剂资金总额，向深度贫困地区所在省份下达 70% 调剂资金指标，由省级财政主管部门根据省级国土资源主管部门确认的调剂资金金额向深度贫困地区拨付。待完成拆旧复垦安置，经省级国土资源主管部门验收并经国土资源部确认后，财政部向深度贫困地区所在省份下达剩余 30% 调剂资金指标，由省级财政主管部门向深度贫困地区拨付。

调剂资金支出列入中央财政对地方财政一般性转移支付，全部用于巩固脱贫攻坚成果和支持实施乡村振兴战略，优先和重点保障产生节余指标深度贫困地区的安置补偿、拆旧复垦、基础设施和公共服务设施建设、生态修复、耕地保护、高标准农田建设、农业农村发展建设以及购买易地扶贫搬迁服务等。

第十条 国家统一制定跨省域调剂节余指标价格标准。节余指标调出价格根据复垦土地的类型和质量确定，复垦为一般耕地或其他农用地的每亩 30 万元，复垦为高标准农田的每亩 40 万元。节余指标调入价格根据地区差异相应确定，北京、上海每亩 70 万元，天津、江苏、浙江、广东每亩 50 万元，福建、山东等其他省份每亩 30 万元；附加规划建设用地规模的，每亩再增加 50 万元。

根据跨省域调剂节余指标实施情况，按程序适时调整上述标准。

第四章 节余指标调剂实施

第十一条 深度贫困地区根据国家核定的调剂节余指标，

按照增减挂钩政策规定，以不破坏生态环境和历史文化风貌为前提，按照宜耕则耕、宜林则林、宜草则草的原则复垦，切实做好搬迁群众安置。

第十二条　帮扶省份根据国家核定的调剂节余指标，按照经批准的建新方案使用跨省域调剂节余指标进行建设。

第十三条　深度贫困地区实际拆旧复垦耕地面积和质量低于国家核定要求的，以及帮扶地区实际建新占用耕地面积和质量超出国家核定要求的，应通过补改结合、提质改造等措施满足国家核定要求。

第五章　监督管理

第十四条　国土资源部和省级国土资源主管部门分别建立节余指标调剂监管平台。拆旧复垦安置方案、建新方案应实时备案，确保拆旧复垦安置和建新精准落地，做到上图入库、数量真实、质量可靠。监管平台自动生成电子监管码，对节余指标调剂进行动态监管。省级国土资源主管部门审批的拆旧复垦安置方案、建新方案，需标注使用跨省域调剂节余指标。

第十五条　省级国土资源主管部门充分利用国土资源遥感监测"一张图"和综合监管平台等手段，对拆旧复垦农用地和耕地等进行核查。国土资源部和省级国土资源主管部门通过监管平台和实地抽查，对跨省域调剂节余指标工作开展日常监测监管。国家土地督察机构对跨省域调剂节余指标实施情况进行监督检查，检查报告抄送财政部。发现弄虚作假、违背群众意愿强行实施的，国土资源部会同财政部停止拨付并扣减调剂资金。

第六章　附　则

第十六条　本办法由国土资源部、财政部负责解释。

第十七条　本办法自印发之日起施行，有效期至 2020 年 12 月 31 日。

村级档案管理办法

村级档案管理办法

国家档案局　中华人民共和国民政部
中华人民共和国农业部令
第 12 号

　　《村级档案管理办法》已经国家档案局局务会议、民政部部务会议审议通过，并经农业部同意，现予公布，自 2018 年 1 月 1 日起施行。

国家档案局局长
民政部部长
农业部部长
2017 年 11 月 23 日

第一条 为了加强农村档案工作，规范村级档案管理，服务新形势下的农村工作，根据《中华人民共和国档案法》《中华人民共和国村民委员会组织法》《中华人民共和国农业法》和国家有关规定，制定本办法。

第二条 本办法所称村级档案是指村党组织、村民委员会、村集体经济组织等（以下简称村级组织）在党组织建设、村民自治、生产经营等活动中形成的具有保存价值的文字、图表、音像等不同形式和载体的历史记录。

第三条 村级档案工作主要包括村级组织对村级档案进行的收集、整理、保管、鉴定、利用等工作。

第四条 村级档案工作实行统一领导、集中管理、安全方便的原则。

村级组织应将档案工作作为村级工作的重要事项，健全相应的工作制度，明确领导、健全机制、保障经费，确保档案的真实、完整、规范和安全。

第五条 村级档案工作在业务上接受乡镇人民政府、档案行政管理部门、民政部门、农业部门和相关部门的监督和指导。

第六条 村级组织应当指定专人负责档案的收集、管理和提供利用。有条件的村应当设立专用档案柜和档案库房集中管理档案。

档案管理人员应当具有良好的政治素质，遵纪守法，忠于职守，具备相应的档案管理知识，并经过一定的档案业务培训。

第七条 村级组织形成的具有保存价值的文件材料，均应当按照要求规范整理后归档，任何组织和个人不得据为己有或者拒绝归档。

县级档案行政管理部门可以依据《村级文件材料归档范围和档案保管期限表》（见附件）的规定，制定符合本地实际的村级文件材料归档范围和档案保管期限表。

第八条 村级档案一般包括文书、基建项目、设施设备、会计、音像、实物等类别。各类文件材料整理方法和归档时间如下：

（一）文书类应当按照《文书档案案卷格式》（GB/T 9705-2008）或者《归档文件整理规则》（DA/T 22-2015）的要求进行整理，于次年上半年归档。

（二）基建项目类应当按照《科学技术档案案卷构成的一般要求》（GB/T 11822-2008），并参照《国家重大建设项目文件材料归档要求与档案整理规范》（DA/T 28-2002）的有关规定及时整理归档。

（三）设施设备类应当在开箱验收后即时归档，使用维修记录等按照《科学技术档案案卷构成的一般要求》进行收集管理。

（四）会计类应当按照《会计档案管理办法》（财政部 国家档案局令第 79 号）的要求进行收集整理，在会计年度终了后于次年 3 月底之前归档。

（五）照片应当按照《照片档案管理规范》（GB/T 11821-2002）、《数码照片归档与管理规范》（DA/T 50-2014）整理，由拍摄者在拍摄后 1 个月内将照片原图连同文字说明一并归档。

（六）电子文件应当按照《电子文件归档与电子档案管理规范》（GB/T 18894-2016）收集归档并管理。

（七）实物和其他门类按照档案工作有关规定及时归档。

第九条 档案制成材料和装订材料应当符合档案保护的要求。

第十条 档案库房应当采取防火、防盗、防水（潮）、防光、防尘、防磁、防高温、防有害生物等措施。

档案管理人员应当定期检查档案的保管状况，确保档案安全。对音像档案和电子档案，要定期检查信息记录的安全性，确保档案可读可用。

第十一条 不具备档案安全保管条件的，应当将档案交由乡镇档案机构代为保管，村级组织可以保存档案目录等检索工具以方便利用。

第十二条 村级组织换届选举后10日内，应当履行档案交接手续。必要时可以在选举前将档案暂存乡镇政府。村以及村民小组在设立、撤销、范围调整时，应当将档案妥善移交。

档案工作人员离任时应当进行档案移交，履行交接手续，防止档案散失。

第十三条 销毁已达到保管期限的档案时，应当成立档案鉴定工作小组及时进行鉴定。

鉴定工作小组由村级档案管理人员和形成档案的村级组织的人员（或者村民代表）组成，鉴定后应当形成档案鉴定报告。对失去保存价值的档案，应当清点核对并编制档案销毁清册，经过必要的审批手续后按照规定销毁。

禁止擅自销毁档案。村级档案销毁清册应当永久保存。

第十四条 村级档案工作应当积极推进档案信息化建设，配备必要的设施设备和档案管理软件，建立档案电子目录和全文数据库，逐步实现档案的信息网络共享。

第十五条　村级档案工作应当建立档案查阅利用制度，为本村各类组织及其成员、村民提供服务。查阅档案要遵守利用规定、履行查阅手续，不得有涂改、损毁、调换、抽取档案等行为。

档案管理人员应当围绕村中心工作或村级组织及其成员、村民利用需求，加强档案信息资源的开发利用，积极开展档案编研工作，如编写村史、村志、大事记等。

第十六条　对在村级档案工作中作出突出贡献的村干部、档案工作人员和其他组织、个人，由各级人民政府、档案行政管理部门及相关单位给予表彰和奖励。

第十七条　各省（自治区、直辖市）、新疆生产建设兵团档案行政管理部门商同级民政部门和农业部门，可以结合本办法和本地实际，制定实施办法及细则。

第十八条　本办法由国家档案局、民政部、农业部负责解释。

第十九条　本办法自 2018 年 1 月 1 日起施行。

附件：

村级文件材料归档范围和档案保管期限表

一、文书类

1. 党群组织工作文件材料

1.1　本村党组织（党委、党总支、党支部）委员会会议记录、党员大会会议记录、村"两委"联席（班子）会议记录　永久

1.2　本村党组织年度工作计划、总结等材料　永久

1.3　本村党组织关于机构设置、撤并、名称更改、启用和废止印章的请示，上级批复、通知、决定等材料　永久

1.4　本村党务干部任免、分工、考察、奖惩等材料　永久

1.5　本村党组织换届选举候选人的请示、批复和换届选举工作的通知、议程、报告、领导人讲话、大会发言、选举办法、选举结果、决议、上级批复等材料　永久

1.6　本村党员教育培训、组织活动、党性分析、民主评议等方面的计划、总结、会议（活动）记录、请示及上级的批复　永久

1.7　本村发展新党员，党员转正、延期、退党，处置不合格党员等方面的材料　永久

1.8　本村执行上级党组织工作的决定、纪要、报告等材料

（1）重要的　永久

（2）一般的　30 年

1.9　本村党组织、党员名册和年报表　永久

1.10　本村党组织关系介绍信、通知书存根　永久

1.11　本村党员交纳党费的清单、票据等　永久

1.12　本村先进集体、先进个人登记表，审批表，名册及各种事迹材料

（1）受到县级（含）以上表彰、奖励的　永久

（2）受到县级以下表彰、奖励的　30 年

1.13　本村党员违法违纪的有关材料，处理意见和上级决定、批复等材料

（1）受到警告（不含）以上处分的　永久

（2）受到警告处分的　30 年

1.14　本村纪检、党风廉政工作的计划、总结、报告等材料　30年

1.15　本村开展政治思想、形势教育、精神文明建设工作的计划、总结等有关材料　10年

1.16　本村共青团组织发展、换届选举材料，团员名册、组织关系介绍信及存根、团费缴纳、年度统计表等材料　永久

1.17　本村团代会通知、议程、代表名单、开幕词、报告、决定、选举结果、闭幕词等材料　永久

1.18　本村团组织、团员获得表彰奖励及违法违纪受到处分的请示、报告、批复等材料　永久

1.19　本村工会年度工作计划、总结，工会代表大会的通知、名单、议程、开幕词、报告、决议、闭幕词、选举结果等材料　永久

1.20　本村工会干部任免的请示、批复，会议记录，工会干部、会员名册及统计年报表等材料　永久

1.21　本村妇代会换届选举等材料　永久

1.22　本村计划生育工作年度计划、总结、统计表等材料　永久

1.23　本村独生子女证申请表，育龄妇女生育多胎的申请表、审批表及超生调查报告、汇报、处罚决定等材料　永久

1.24　本村村民婚姻状况证明存根等材料　永久

1.25　本村五好家庭、敬老爱幼模范、文明户、好婆婆、好媳妇等评选活动的材料　30年

1.26　上级发布的本村民兵工作需要执行的文件材料　10年

1.27 本村普通民兵、基干民兵登记表和花名册 永久

1.28 本村兵役登记材料，现役军人、退伍军人情况登记表 永久

2. 村务管理文件材料

2.1 本村村委会会议记录、纪要、决议等材料 永久

2.2 本村村委会年度工作计划、总结等材料 永久

2.3 本村村史、组织沿革、大事记等材料 永久

2.4 本村村委会换届选举工作的通知、选票、选举结果、干部任免等材料 永久

2.5 本村各类工作的请示、报告、汇报及上级的批复等材料

（1）重要的 永久

（2）一般的 30年

2.6 本村干部、村民名册，村办股份公司股民名册、各类技术人员名册等 永久

2.7 本村干部的招聘、录用、定级、调配、人员任免、离退、调动介绍信存根、工资表，农业村级协管员的聘书、合同或协议等材料 永久

2.8 本村和村内机构设置、更名、撤并及行政区划与隶属关系的变化，启用、废止印章等材料 永久

2.9 本村关于年终分配方案、工资福利、劳动保护的各种文件材料和参加社会养老保险人员名册 永久

2.10 本村干部、职工工资单及年终收益分配审批表、归户结算表等材料 永久

2.11 本村关于房屋拆迁、土地征用、村民房产、地产等材

料，相关人员名册等　永久

2.12　本村的村规民约等各种规章制度材料　永久

2.13　本村各种年度统计报表（包括农副工业生产年报，收益分配报表，土地、人口、户数等基本情况统计表等材料）永久

2.14　本村各种保险材料、综合治理、安全生产承包责任和各种案件、民事纠纷的调解协议、处理决定等材料　永久

2.15　本村信访信件处理结果等材料

（1）有领导重要批示及处理结果的　永久

（2）有处理结果的　30年

（3）没有处理结果的 10年

2.16　本村拥军优属、优抚救助等材料　30年

2.17　本村开展教育、卫生、合作医疗等工作的材料　永久

2.18　本村规划、经济建设及重大决策等材料　永久

2.19　本村公共设施管理、维修维护的材料　永久

2.20　本村生产管理、企业管理的年度工作计划及总结和重大决策等材料　永久

2.21　本村财务管理的年度计划、总结，有关财务审计情况材料　永久

2.22　本村工业、农业等相关税收征收清册和纳税变动情况等材料　永久

2.23　本村各种经济、人口普查统计表　永久

2.24　本村重大事故事件登记材料，调查处理意见、情况报告及善后工作中形成的材料　永久

2.25　本村创建文明小区、爱国卫生工作形成的材料

30 年

2.26 本村农业村级协管事项公开、协查工作记录等材料 30 年

3. 村级集体经济组织经营管理文件材料

3.1 本村经营管理中长期规划和专项发展计划等材料 永久

3.2 本村企业发展重大经营决策方案、规划 永久

3.3 本村企业董事会会议记录、纪要、决议等材料 永久

3.4 本村企业负责人对企业承包、租赁、任期目标责任等材料 永久

3.5 本村企业改制、转制等各种法律证书等材料 永久

3.6 本村企业历史沿革、大事记等材料 永久

3.7 本村集体经济组织、所属各企业年度工作计划、总结等材料 永久

3.8 本村企业的设置、撤并、名称更改、启用和废止印章的请示、批复、通知等材料 永久

3.9 本村及所属各企业的产权文件、土地使用证,各种集体财产合同、协议、委任书、公证书等法律文本、证书材料 永久

3.10 本村集体经济组织章程,换届选举工作的通知、选举结果等材料 永久

3.11 本村集体经济组织成员(股东)名册、股权登记簿 永久

3.12 本村新办公司、企业项目的申请和批复及可行性报告、章程、合同、验资、营业执照等材料 永久

3.13 本村有关工商企业管理执照的申报、登记、批复以及违章违法被处理，经营不善歇业、破产等材料 永久

3.14 本村企业年度各种统计报表及经济分析等材料 永久

3.15 本村有关物资供销工作的合同、协议等材料 30 年

3.16 本村有关经营活动的争议、索赔、判决等材料 永久

3.17 本村企业合资、独资、联营招商的合同、协议等材料 永久

3.18 本村企业年度经营、销售统计等报表

（1）重要的 永久

（2）一般的 10 年

3.19 本村企业工资计划、工资总额、奖惩、年终分配方案等表册 永久

3.20 本村企业物资管理、安全生产检查、整改措施执行情况等材料 永久

3.21 本村企业环境保护等材料 永久

3.22 本村企业有关产品标准、国际质量认证等材料 永久

3.23 本村企业有关资产评估，资金、价格管理的审查、验证材料 永久

3.24 本村企业有关经营、审计活动中形成的各项证明和结论材料 永久

3.25 本村有关产品市场调查、宣传、广告和用户服务等材料 30 年

3.26 本村有关产品销售等活动中形成的材料 30 年

3.27 本村各类农业普查材料 永久

3.28 本村农作物规划布局，粮、棉、油多种经营实种面

积、产量以及采、购、留、分配等材料　永久

3.29　本村科学种植、科学饲养的经验总结及原始记录
永久

3.30　本村"星火""丰收""火炬"计划项目的申报、验收材料　永久

3.31　本村农业植保、农机管理、水利建设等材料　永久

3.32　本村副业生产及上交任务的指标（畜、禽、蛋、鱼、菌菇等）以及各项任务完成情况、年报、统计表等材料　永久

3.33　本村村办副业项目材料　30年

3.34　本村关于土地批租、出让、租赁有关材料　永久

3.35　本村农村集体产权制度改革实施方案、工作计划、总结、汇报材料　永久

3.36　本村成立的农村集体产权制度改革工作领导小组、理事会、监事会等机构及组成人员名单　永久

3.37　本村农村集体产权制度改革工作领导小组、理事会、监事会工作职责及工作制度　30年

3.38　本村研究农村集体产权制度改革工作所形成的会议记录、纪要、决议　永久

3.39　通过协商、招标、挂牌、拍卖等方式流转农村土地承包经营权的文件材料　永久

3.40　农村集体产权制度改革的动员会、宣传、培训，上级领导检查等形成的文件材料　10年

3.41　农村耕地保护、土地承包经营权、集体建设用地使用权台账　永久

3.42　集体土地调查材料及统计表　永久

3.43 农村集体土地所有权、农村建设用地使用权、村民宅基地使用权等相关确权、登记、颁证的文件材料 永久

3.44 农村土地承包经营权登记申请书、变更登记申请书、登记簿、核准文件 永久

3.45 农村土地承包经营权流转备案申请书、登记表和备案证明等材料 永久

3.46 农村土地承包经营权确权登记方案、登记册、花名册及审核材料 永久

3.47 农村土地使用权确权登记注册情况公告、注册表 永久

3.48 农村土地承包合同、土地承包经营权流转合同、耕地保护合同 永久

二、基建项目类

1. 项目建议书、申请、报告及批复等材料 永久

2. 可行性研究报告、论证意见、项目评估、调查报告等材料 永久

3. 项目设计任务书、计划任务书或立项报告、批复等材料 永久

4. 基建项目的会议记录等材料 永久

5. 地质勘探合同、报告、记录、说明等材料 永久

6. 征用土地移民申请、报告、批复、通知、许可证、使用证、用地范围等材料 永久

7. 工程建设执照、防火、环保、防疫等审核通知单 长期

8. 工程建设招投标文件、会议纪要等材料 长期

9. 工程初步设计图纸、概算、设计合同等材料 长期

10. 施工设计、说明、总平面图、建设施工图、给排水图等专业图纸　长期

11. 施工合同、协议，施工预决算，图纸会审纪要、技术核定单、工程更改、材料代用、原材料质保书和全套竣工图等材料　永久

12. 施工监理文件材料　长期

13. 水电安装合同、协议，施工预决算，技术交底，图纸会审，材料出厂证明和竣工图等材料　永久

14. 项目竣工验收申请、批复，消防、环保、防疫、档案等验收记录，基建财务结、决算，项目审计，项目竣工验收证书等材料　永久

三、设施设备类

1. 设备仪器购置可行性研究报告、申请、批复和购置仪器资金申请、批复等材料　长期

2. 设施设备招投标文件、设备采购合同、购买协议等材料　长期

3. 设备仪器开箱验收记录、使用说明书、操作手册、合格证、装箱清单等材料　长期

4. 设备仪器安装调试记录、验收报告、操作保养规定等材料　长期

5. 设备仪器运行、检修、保养、事故处理等记录材料　长期

6. 设施设备技术改造、升级改装、革新改进等文件材料　长期

7. 设备仪器报废申请、批复、证明等材料　长期

四、会计类

1. 各类会计原始凭证、记账凭证、汇总凭证　30 年

2. 会计账簿类

2.1　银行日记账、现金日记账　30 年

2.2　总账、明细账、辅助账簿　30 年

3. 会计报表类

3.1　年度财务报表　永久

3.2　年度财务决算表　永久

3.3　月、季度财务报表　10 年

4. 其他类

4.1　会计档案移交清册　永久

4.2　会计档案保管清册　永久

4.3　会计档案销毁清册　永久

五、照片类

1. 上级领导来村视察、检查工作的照片　永久

2. 国际友人、专家、学者等知名人士前来活动的照片　永久

3. 本村委会各种会议、重要活动形成的照片　永久

4. 本村委会各种产品、奖状、证书、奖杯、锦旗等的拍摄照片　永久

5. 反映村容、厂貌、市政项目建设等的照片　永久

6. 新闻媒体刊登的反映本村情况的照片　永久